Das Buch

Ohne Modrow und Gysi gäbe es die Linkspartei nicht. Sie standen 1989 an deren Wiege. Die beiden Vertreter zweier Politikergenerationen unterscheidet nicht nur das Alter, sondern manch anderes auch, etwa der Umgang mit Politik, mit Politikern und mit der Geschichte. Im Gespräch werden die verschiedenen Sichten deutlich, die Differenzen, aber auch ihre Gemeinsamkeiten. Erstmals werfen sie einen Blick zurück auf den gemeinsam Anfang vor nunmehr fast einem Vierteljahrjahrhundert. Ihr Dialog ist eine Auseinandersetzung mit der Vergangenheit. Er offenbart die Stärken und die Schwächen einer politischen Bewegung, die sie maßgeblich geprägt hat und der beide seit 1989 den Stempel aufdrückten.

Gregor Gysi, Jahrgang '48, Rinderzüchter, Anwalt, Politiker, war Vorsitzender der SED, der SED-PDS, der PDS und ist Vorsitzender der Bundestagsfraktion der Linken. Dem Deutschen Bundestag gehört er mit dreijähriger Unterbrechung seit 1990 an.

Hans Modrow, Jahrgang 1927, Maschinenschlosser, Politiker seit 1949, als Ministerpräsident der DDR 1989/90 nach Rücktritt des Politbüros und des ZK der SED die Zentralfigur der ostdeutschen Politik. Heute Vorsitzender des Ältestenrats der Linkspartei.

Frank Schumann, Jahrgang 1951, Spezialglasfacharbeiter, bis 1991 Tageszeitungsjournalist, seither verlegerisch und publizistisch tätig.

Ostdeutsch oder angepasst

Gysi und Modrow im Streit-Gespräch

edition ost

Inhalt

Die Partei hat zwei Gesichter:
Zum einen steht sie in der Tradition der alten SED.
Auf der anderen Seite nimmt sie jedoch
am Parteienwettbewerb in der Bundesrepublik teil.
Damit erfüllt sie nicht nur eine Repräsentations-,
sondern auch eine wichtige Integrationsaufgabe.
Sie trägt wesentlich zur politischen Stabilität
und inneren Einheit Deutschlands bei.

Wahlforscher Richard Stöss,
im *Focus* vom 13. November 1995

Erste Begegnung

Guten Tag, Herr Modrow, sagt der Mann im Glaskasten, ehe Modrow seinen Ausweis zückt. Den hat noch Rita Süssmuth unterschrieben, sagt er später auf der Treppe, die diagonal durchs Gebäude bis unters Flachdach steigt. Süssmuth: sie war Bundestagspräsidentin, als er im Bonner Parlament saß. Bis 1994. Aber auch ohne dieses Papier, das ihm, dem Ex-Bundestagsmitglied, unverändert Zutritt zu den Gebäuden des Hohen Hauses gestattet, wird er erkannt. Und die Begrüßung ist auch eher freundlich denn förmlich. Das war hier nicht immer so und fällt daher auf.

Die schwere Glastür vor uns öffnet sich erst, bis jene zur Wilhelmstraße, die wir zunächst passiert hatten, fest verschlossen ist. Vorschrift. Das Prozedere erinnert mich an gelegentliche Besuche in Gefängnissen. Und auch sonst gleicht dieses Haus einer Justizvollzugsanstalt, womit nicht auf die Vielzahl der Juristen angespielt sein soll, die hier arbeiten. Es gibt ja auch eine beachtliche Gruppe von Berufspolitikern unter diesem Dache, die Zeit ihres Erwerbslebens nichts anderes taten. Brüche im Berufsleben sind da selten, selbst das Ende von politischen Ordnungen überstehen sie. Das kann man auch so sehen: personelle Kontinuität sichert Stabilität und Verlässlichkeit. Das gilt für Modrow nicht minder wie für Adenauer. Jeder auf seine Weise und mit konträren Überzeugungen.

Nein, die Ähnlichkeit ist baulichen Ursprungs. Obgleich alles in warmem Braun gehalten ist – ganze Wälder scheinen hier verarbeitet –, vermitteln die langen Flure mit den unzähligen Türen ein Maß an Sterilität, das bedrückt. Die Menschenleere verstärkt noch den Eindruck der Leblosigkeit. Nur ab und an öffnet sich eine Tür und jemand huscht über den Gang, um rasch wieder in ein sicheres Büro zu gelangen. Diese trostlos-traurige Atmosphäre ist nicht den hier tätigen Menschen anzukreiden, sondern ausschließlich den Architekten. Wenn man den Abgeordneten diesbezüglich etwas vorzuwerfen hat, dann: dem Bauwerk widerspruchslos zugestimmt zu haben.

Aber von den heutigen Untermietern waren die wenigsten unter Kohl dabei, als diese Monstrositäten geplant wurden, und vielleicht sind sie auch gar nicht dazu befragt worden. Jedenfalls ist mir darüber keine solch heftige Debatte im Bundestag erinnerlich wie beispielsweise jene über den Umzug.

Dass Berlin Regierungs- und Parlamentssitz wurde, daran darf man sich ruhig erinnern, war den Parlamentariern aus dem Osten geschuldet. Sie sorgten für die knappe Mehrheit bei der Entscheidung, die wichtigsten Gremien der Bundesrepublik aus den rheinischen Niederungen zu holen. Dabei war das nicht einmal eine ideologisch motivierte Entscheidung. Für die Ostdeutschen, vormals Bürger der DDR, war Berlin immer Hauptstadt gewesen. Der im Westen geschmähte Staat hatte nämlich dafür gesorgt, dass die 1871 mit Gründung des Deutschen Reiches etablierte deutsche Hauptstadt auch Hauptstadt blieb, als infolge des Nazikrieges Deutschland von den Siegermächten geteilt wurde. Ohne die 17 Stimmen der Bundestagsgruppe der PDS/Linke Liste also säße die deutsche Regierung noch immer in Bonn. Die Entscheidung für Berlin, am 20. Juni 1991 im Bundestag getroffen, ging nämlich 336 zu 321 aus. Wenn es eines Beweises bedurfte, dass auch eine kleine Oppositionspartei im Parlament gelegentlich etwas bewegen kann: Dort wurde er erbracht.

Treppe bis unters Dach

Wir steigen zur ersten Etage hinauf und schlagen einen linken Winkel. Die Türfluchten würden eine prächtige Kamerafahrt abgeben, wie wir sie aus Hohenschönhausen und der SED-Zentrale kennen. Dort blätterte zwar die Farbe, das Linoleum wellte sich, während wir hier über poliertes Holz laufen, doch vom Wesen besteht kaum ein Unterschied. Tür reiht sich an Tür. So sehen eben Apparate von innen aus.

Wieder links. Und dann einige Stiegen nach rechts. Das ungewöhnliche Stufenmaß, das bei Unachtsamkeit stolpern lässt, erklärt sich beim Blick aus dem Fenster: Dieser Teil ist ein Altbau, der in den modischen Kasten integriert wurde. Dessen Etagenhöhe korrespondiert nicht mit der des Neubaus. Die Stufen offenbaren das Stückwerk, es ist kein harmonischer Übergang. Das hat etwas Symbolhaftes. Die Büros dahinter wollen nicht so richtig in das Bauwerk passen wie wohl auch jener Mann, dessen Name an der Tür steht.

Um genau zu sein: an drei Türen. An jener zu seinem Vorzimmer, an einer zweiten, durch die man direkt in das Arbeitszimmer des Fraktionsvorsitzenden gelangt, und an einer daneben, wo bis zu dessen Rücktritt von dieser Funktion »Oskar Lafontaine« stand. Jetzt liest man dort »Dr. Gregor Gysi«. Hinter dieser Tür findet sich ein ovaler Tisch und eine Sitzgruppe, ein kleines Beratungszimmer oder Wartezimmer für Leute wie Modrow und mich, die einen Termin haben mit dem Mann von nebenan. Vor wenigen Stunden erst hat ein Mitglied der Fraktion seinen Austritt und die Absicht erklärt, bei den kommenden

Leere Flure, lange Fluchten, viele Türen

Bundestagswahlen nicht wieder für die Linkspartei, sondern als parteiloser Parteiloser kandidieren zu wollen. Diese Nachricht, so fürchtete Modrow, könnte unser Gespräch insofern überschatten, als es nicht bei Gysis Bedauern bleiben würde. In seiner umgehend verbreiteten Erklärung hatte es nämlich geheißen, dass der Konflikt zwischen dem Brandenburger Landesverband und dem in Cottbus gewählten Direktkandidaten nicht habe ausgeräumt werden können, womit also das Problem weg von Berlin in die Mark Brandenburg verlagert worden war.

Modrow behält mit seiner Prognose Recht. Wir werden nach kurzer Begrüßung zunächst im Stauraum platziert, er, Gysi, müsse noch schnell ein paar Telefonate und kurze Abstimmungen erledigen.

Ist es der Genius loci oder das Alter? Modrow offenbart eine ironische Seite, die ich bislang noch nie an ihm beobachtet hatte. Das sei Oskars Arbeitszimmer gewesen, bemerkt er süffisant. Erst habe dessen Schreibtisch dort an der Wand gestanden. Dann sei dieser zentimeterweise durch den Raum gewandert, bis er schließlich vor der Zwischentür gestanden habe, die die Büros der beiden Fraktionschefs miteinander verband. Sagt Modrow, was von Gysi allerdings später in Abrede gestellt wird. Die Tür, so also Modrow, wäre folglich ihrer Funktion ledig gewesen. Lange bevor die Tatsache publik wurde, dass der Ostdeutsche und der Westdeutsche, die aus zwei Parteien eine gesamtdeutsche machen wollten, fortan getrennte Wege gingen.

Lafontaine zog aus, Gysi breitete sich aus. Zumindest räumlich. Hingegen schrumpften die Sympathiewerte der Partei. Was nicht unbedingt kausal auf das Ende einer temporären Freundschaft zurückzuführen war. Vielleicht kommen wir im Gespräch auch noch auf den sinkenden Zuspruch zu sprechen, sofern dafür die uns zugestandene Zeit reicht.

Primär soll es im Gespräch zwischen Modrow und Gysi um das Ende der DDR und den Anfang der Partei des Demokratischen Sozialismus gehen, die beide 1989/90 aus der Taufe hoben. Gysis Lust auf ein solches Thema, das soll nicht verschwiegen werden, war nicht sonderlich groß. Nicht, dass er sich seiner damaligen Mitwirkung schämte, aber nicht grundlos stellte er die Frage, ob es für Gegenwart und Zukunft nicht nützlicher sei, sich mit aktuellen Themen auseinanderzusetzen statt den Blick immer nur nach hinten zu wenden.

Da stimme ich ihm durchaus zu, hatte ich auf seinen Einwand geantwortet, doch bisweilen sei es hilfreich, sich seiner Herkunft und der zurückgelegten Wegstrecke zu versichern. Die ehrliche Rückschau beuge sowohl einem Realitätsverlust vor, wie ihn erst jüngst die Kanzlerin erlitt (»Wir sind die erfolgreichste Bundesregierung seit der Wiedervereinigung«), als auch der Illusion, man könne Politik ohne Geschichte machen. Egal, ob man das Ausblenden der Vergangenheit nun Zeitgeist oder Zwang zur Anpassung nenne, oder ob es sich um schlichte Unwissenheit handele. Ohne Wurzeln keine Standfestigkeit, das wüssten nicht nur die Forstarbeiter.

Gysi hatte schließlich eingewilligt, und nachdem diese Hürde genommen, stand schon die nächste im Weg: wann? Er wollte in die USA und Modrow nach Kuba. So blieb denn zwischen allen Terminen nur dieser 13. Dezember.

Und ausgerechnet an diesem Tag wirft Neskovic das Handtuch.

Zu allem Überfluss entscheidet der Bundestag über diverse Themen, die eine namentliche Abstimmung erforderlich machen. Fraktionschef Gysi spielt während des Gesprächs mit den weißen und roten Plastikkärtchen, die er in den nächsten Stunden hinüber in den Plenarsaal tragen und in der Urne versenken wird. Auf dem Monitor vis-à-vis in seinem Arbeitszimmer sind die Namen der Redner zu sehen und wie viele Minuten noch bis zur Abstimmung bleiben. Doch auch die Sekretärin sorgt dafür, dass er den Einsatz nicht verpasst.

Ab und an nur wirft Gysi einen kurzen Blick auf den Bildschirm, ansonsten konzentriert er sich auf das Gespräch. Diese Fähigkeit habe ich schon damals, in den frühen 90er Jahren, als ich einige Zeit für ihn arbeitete, durchaus bewundert: sich gleichzeitig mit mehreren Dingen zu beschäftigen und binnen Bruchteilen von Sekunden den Fokus der ganzen Aufmerksamkeit auf eine Sache zu lenken. Diese Gabe besitzt er noch immer, wenngleich sie sich in mehr als zwei Jahrzehnten, wie er selber einräumt, verschlissen habe. Eine schwere Gehirnoperation, an die eine Narbe erkennbar erinnert, mehrere Herzinfarkte und ein Gehörzsturz hinterlassen Spuren. Darauf zu verweisen geschieht nicht um des Mitleids willen – er spricht darüber selber nie –, sondern gehört zur Vollständigkeit. Es ist mehr, als gemeinhin ein Mann Mitte 60 in seinen Krankenakten zu stehen hat. Modrow ist zwanzig Jahre älter und dennoch nicht so stark gebeutelt worden. Vielleicht liegt es auch daran, dass er joggte, als Gysi rauchte.

Wir sitzen noch im Wartezimmer, als Gysi neben Modrow Platz nimmt. Bilder wie diese sind seit Jahren rar. Die Funktion des Ehrenvorsitzenden der PDS, der die Parteitage eröffnete, erledigte sich mit Gründung der Partei Die Linke. Modrow hat den Vorsitz im Ältestenrat inne, einem Beratergremium, das Gysi noch '89 initiierte. Dieser Posten bietet keinen Anlass für Protokollfotos. Und auch sonst haben beide nur noch wenig miteinander zu tun – im Übrigen ein Grund, sie für dieses Buch miteinander reden zu lassen.

Für die reduzierte Kommunikation gibt es verschiedene Ursachen, der Altersunterschied und die unterschiedlichen Herkünfte sind da noch die geringsten. Es sind die Ämter und Funktionen und gewiss auch ein anderes Politikverständnis, das sie bald trennte. Als Gysi Vorsitzender der SED wurde, war Modrow Ministerpräsident – der eine war für eine Partei, der andere für einen Staat verantwortlich. Dann gab es den Beitritt und eine größere Bundesrepublik, in der Gysi die linke Opposition aus dem Osten führte und Modrow nur noch der namhafte Exponent des untergegangenen »Unrechtsstaates« war. Gysi sicherte mit Intelligenz, Cleverness und Witz die Existenz der Partei – Modrow hingegen war zur Belastung geworden. Er hatte im ZK der SED immerhin eine Abteilung geführt und mehr als anderthalb Jahrzehnte eine Bezirksleitung. Als einziger der 15 ehemaligen SED-Bezirkschefs war er wegen Anstiftung zur Wahlfälschung verurteilt worden. Als einziger! Die Straße zur (vermeintlich) gesamtdeutschen Akzeptanz der neuen Partei war mit Entschuldigungen und Verabschiedungen gepflastert. Da verloren sich Wege und Überzeugungen. Viele sind von der Gründergeneration nicht mehr übrig.

Wann seid ihr euch zum ersten Mal begegnet?

Gysi: Am 3. Dezember 1989. Ich wurde nach der Kreisdelegiertenkonferenz ins ZK geschickt und fürchtete, wegen meiner Rede dort Maß genommen zu werden. Dort traf ich Hans, der seit zwei, drei Wochen Ministerpräsident war.

Modrow: Das war der Tag, als zunächst eine außerordentliche Tagung des Zentralkomitees eine Reihe Spitzenfunktionäre – darunter Honecker[1], Stoph[2], Sindermann[3], Mielke[4] und Tisch[5] – aus der SED ausschloss, anschließend traten Politbüro und Zentral-komitee zurück. Es wurde ein Arbeitsausschuss zur Vorbereitung des Parteitages gebildet, und dieser berief eine Untersuchungskommission zur Überprüfung von Machtmissbrauch und Korruption. Mit deren Leitung wurde Gregor Gysi beauftragt. Deshalb hatte man dich gerufen.

Warum ausgerechnet er? Mit Verlaub: Er war ein bis dato weitgehend unbekannter Rechtsanwalt.

Gysi: Keine Ahnung. Ich hatte Anfang November meinen ersten Fernsehauftritt, als es eine Diskussion über den verkorksten Entwurf eines Reisegesetzes gab. Sonst kannten mich allenfalls Kollegen und Mandanten.

Modrow: Ich kannte Gregor bis dahin nicht. Er war Anwalt in Berlin, ich saß in Dresden. Wer ihn jedoch in diese Stellung brachte, vermag ich nicht zu sagen. Vielleicht war es Markus Wolf[6].

Gysi: Möglicherweise. Er spielte in jener Zeit eine nicht unwesentliche Rolle.

Modrow: Er war als Mielkes Stellvertreter 1986 aus dem MfS ausgeschieden und angeblich nur noch als Schriftsteller unterwegs. Mischa genoss bei Freund wie Feind hohes Ansehen, auch bei »den Freunden«. Am 4. November[7], bei seinem Auftritt auf dem Alexanderplatz, hatte er Mut und Charakter bewiesen. Dort sah ich ihn zum ersten Male.

Gysi hat ebenfalls auf dieser Kundgebung gesprochen.

Modrow: Wirklich? Ich habe ihn dort nicht bewusst wahrgenommen.

Getriebener Gysi: der Fraktionschef in seinem Büro

Die Sekretärin steckt den Kopf durch die Tür, es gibt einen Blickwechsel, Gysi erhebt sich eilig. Tut mir leid, meine Herrn, sagt er, das ist alles wegen dem Neskovic, ich bin gleich wieder da.

Modrow sagt sarkastisch, so erführe man als Politiker, dass man wichtig sei, auch wenn nichts zu entscheiden ist. Das wäre einer der Unterschiede zwischen Politikern in der DDR und in der BRD gewesen. Er habe als 1. Sekretär der Bezirksleitung entscheiden müssen, jeden Tag, auf unterschiedlichen Gebieten, und dafür dann auch die Verantwortung übernehmen müssen. Wenn man etwa als Parlamentarier heute etwas entscheide, bleibe das persönlich folgenlos. Eigentlich trüge niemand Verantwortung.

Beim ersten Punkt, finde ich, ist Modrow ein wenig selbstgerecht, beim zweiten stimme ich uneingeschränkt zu. Hat schon jemals ein MdB Regress leisten müssen?

Modrow kommt noch einmal auf das Vorgeplän-
kel mit Gysi zurück, in welchem dieser gefragt hatte,
ob er, Hans, wegen der Anstiftung zur Wahlfälschung
damals zu einer Bewährungs- oder zu einer Geldstrafe
verurteilt worden sei. Ihn schien zu stören, dass Gysi
sich nicht erinnerte, dass er beides bekommen hatte.
Möglicherweise ist er auch hier ein wenig ungerecht:
Gysi stand in jener Zeit selbst wiederholt vor Gericht
– in eigener Sache und für die PDS. Da verliert sich
mit dem Abstand von Jahren manches Detail.

Modrow reklamiert jedoch für sich, als einziger
DDR-Funktionär für dieses Delikt verfolgt worden
zu sein, womit er objektiv Recht hat. Das erklärt auch
eine gewisse Bitterkeit, wenn die Sprache auf eben
jenes Thema kommt, nicht aber, warum ausgerechnet ihn, der doch zuvor im Westen als »Hoffnungsträger« hofiert worden war, der Bannstrahl der bun-
desdeutschen Justiz traf und andere nicht.

Er hatte damals an die zehntausend D-Mark für
eine soziale Einrichtung zahlen müssen: Nicht unbedingt existentiell bedrohlich, ein Bundestagsabgeordneter bezieht ordentliche Diäten. Aber auch hier ging
es ums Prinzip: Warum nur er, weshalb nicht auch
andere? Womit noch nicht einmal etwas über die
Rechtmäßigkeit eines solchen Verfahrens gesagt ist.
Modrow hatte keine Gesetze der DDR gebrochen,
und die der Bundesrepublik auf ihn anzuwenden, verletzte das Rückwirkungsverbot. Damit schützt der
deutsche Staat alle seine Beamten, die ihm auf Treu
und Glauben verfassungs- und gesetzeskonform die-
nen, vor möglicher Verfolgung durch ein Nachfolge-
regime. Ein Militärrichter des deutschen Nazistaates

namens Hans Filbinger[8], später Ministerpräsident von Baden-Württemberg, formulierte diesen Vorgang für sich sehr präzise. Was gestern Recht war, könne heute nicht Unrecht sein.

Nun trennten Hans Modrow und Hans Filbinger Welten. Ohne in Hitlers letztem Aufgebot auch nur einen Schuss abgegeben zu haben, musste der 17-jährige Modrow für vier Jahre in sowjetische Kriegsgefangenschaft, während Richter Filbinger, der nachweislich Menschenleben auf dem Gewissen hatte, straffrei blieb. Denn: Was gestern Recht war, kann heute nicht Unrecht sein. Hier sah man deutlich, wie der bürgerlich-kapitalistische Staat mit seinem Personal umging und wie mit jenen, die aus der Reihe tanzten.

Modrow und Gysi im Gespräch

Und noch ein Aspekt schmerzt Hans Modrow in diesem Kontext. Nicht wenige seiner damaligen Genossen, die in den 90er Jahren wegen vermeintlicher Mit- oder Beihilfe zum Totschlag verurteilt worden waren, reklamieren für sich, wegen ihrer Überzeugungen verfolgt worden zu sein. Hingegen sei der »gute Hans«, den manche auch ein wenig abfällig »unser Hänschen« nennen, ganz gut unterm Regen hindurch gekommen. Hockte er nicht im Bundestag und im Europa-Parlament, während sie hinter Gittern saßen? Bekam er dafür nicht ordentlich Geld, während sie nur eine Strafrente bezogen und bis ans Ende ihrer Tage Gerichtskosten zu tilgen hätten?

Ach, da schwingen mitunter ein wenig kleingeistiger Neid und Missgunst mit, die ideologisch gewandet sind. Modrow verbrachte 29 Tage im Gerichtssaal und bekam schließlich zehn Monate, wenngleich zur Bewährung ausgesetzt, und bezieht wie die anderen DDR-Staatsdiener eine gekürzte Rente.

Die Bundespräsidenten Richard von Weizsäcker und Johannes Rau hielten Hans Modrow, trotz aller Vorwürfe, für einen ehrenwerten Mann und suchten das Gespräch mit ihm, auch das hielt mancher für anrüchig. Er biedere sich an, hieß es hinter vorgehaltner Hand. Wäre man selbst durch eine solche Privataudienz geadelt worden, hätte man natürlich die Einladung sicherlich angenommen und dergleichen nicht gesagt.

Anmerkungen

1 Erich Honecker (1912-1994), war seit dem zehnten Lebensjahr in der kommunistischen Bewegung organisiert. In der Nazizeit hatte er dafür zehn Jahre im Zuchthaus zubringen müssen. Der politischen Führung gehörte er faktisch seit Gründung der DDR an. Seit 1971 stand er an der Spitze der Partei, ab 1976 auch des Staatsrates und des Nationalen Verteidigungsrates. Dem am 18. Oktober 1989 erzwungenen Rücktritt von allen Funktionen folgte der Ausschluss aus der Partei. Er trat während seiner neuerlichen Haft in Berlin 1992 der KPD bei.

2 Willi Stoph (1914-1999) gehörte seit 1931 der KPD an und wurde nach der von Stalin angeordneten Ablösungs Carl Steinhoffs 1952 zweiter Innenminister der DDR. Seit 1953 gehörte Stoph bis zu dessen Ende dem Politbüro des ZK der SED an. Seit 1964 war er in der Nachfolge Otto Grotewohls Ministerpräsident der DDR, ausgenommen die Jahre von 1973 bis 1976, als er als Staatsratsvorsitzender amtierte. Nach seinem Rücktritt im November 1989 folgte ihm Hans Modrow als Ministerpräsident.

3 Horst Sindermann (1915-1990) wurde von den Nazis von 1935 bis 1945 inhaftiert und von der US Army aus dem KZ Mauthausen befreit. Er leitete von 1954 bis 1963 die Abteilung Agitation des ZK der SED, die von 1967 bis 1973 von Hans Modrow geführt wurde. Zwischen 1973 und 1976 war Sindermann Ministerpräsident der DDR, danach bis zum Herbst 1989 Präsident der Volkskammer. Nach dem Ausschluss aus der SED kam er kurzzeitig in Untersuchungshaft, Anklage wurde nicht erhoben.

4 Erich Mielkes (1907-2000) Eltern gehörten zu den Gründungsmitgliedern der KPD. Er selbst gehörte der Partei seit 1925 an. Nach einer militärischen Ausbildung in der Sowjetunion von 1932 bis 1936 kämpfte er in Spanien bei den Internationalen Brigaden. Von 1957 bis 1989 war er Minister für Staatssicherheit, seit 1971 gehörte er dem Politbüro an. Nach seinem Ausschluss aus der SED kam er am 7. Dezember 1989 in U-Haft. 1993 wurde er wegen eines angeblichen Doppelmordes im Jahre 1931 zu sechs Jahren Haft verurteilt. 1995 wurde er im Alter von 88 Jahren aus dem Gefängnis entlassen.

5 Harry Tisch (1927-1995), von 1961 bis 1975 in Rostock 1. Sekretär der Bezirksleitung der SED, danach bis zu seinem Rücktritt im Herbst 1989 Vorsitzender des Freien Deutschen Gewerkschaftsbundes (FDGB). Dem Politbüro gehörte er seit 1971 an. Er wurde 1991 wegen Vertrauensbruch und Untreue zu 18 Monaten Haft verurteilt.

6 Markus Wolf (1923-2006), Sohn des jüdischen Schriftstellers Friedrich Wolf, von 1952 bis 1986 Chef des Auslandsnachrichtendienstes der DDR (HV A) und Stellvertreter Mielkes. Obgleich nicht mehr im Dienst, stellte

er sich am 4. November 1989 schützend vor die Mitarbeiter des MfS. Im Sommer 1990 Flucht nach Österreich, das ihm politisches Asyl verweigerte. 1993 wurde er in Düsseldorf wegen Landesverrats zu sechs Jahren Haft verurteilt. Dieses Urteil wurde vom Bundesverfassungsgericht wieder aufgehoben, da die Spionage im Auftrag des souveränen Staates DDR und im Einklang mit ihren Gesetzen erfolgt sei. 1997 wurde Wolf zu zwei Jahren auf Bewährung wegen Freiheitsberaubung, Nötigung und Körperverletzung in vier Fällen verurteilt.

7 Am 4. November 1989 fand in Berlin eine von Theaterleuten initiierte Demonstration zur Erneuerung der DDR statt. An der dreistündigen Abschlusskundgebung auf dem Alexanderplatz mit geschätzten 200.000 Teilnehmern sprachen zwanzig Redner, darunter der Rechtsanwalt Gregor Gysi, der Rektor der Filmhochschule Lothar Bisky, die Schriftsteller Christoph Hein, Stefan Heym, Christa Wolf und Heiner Müller sowie die Schauspieler Steffie Spira, Ulrich Mühe und Jan Josef Liefers.

8 Hans Filbinger (1913-2007), Mitglied der SA seit 1934, seit 1937 der NSDAP, seit 1943 Marinerichter, dort an 243 Verfahren beteiligt. Nach der Entlassung aus britischer Kriegsgefangenschaft Rechtsanwalt, seit 1951 Mitglied der CDU. 1978 erzwungener Rücktritt nach zwölf Jahren als Ministerpräsident Baden-Württembergs, nachdem der Dramatiker Rolf Hochhuth Filbingers Nazi-Vergangenheit öffentlich gemacht hatte. Sieben Mal war er Wahlmann in der Bundesversammlung, gegen seine Teilnahme an der Wahl des Bundespräsidenten 2004 protestierte die PDS. Filbinger selbst war 1974 als Bundespräsident ins Gespräch gebracht worden.

»Die Rede von Hans verhinderte die Auflösung der Partei«

Gregor Gysi fliegt durch die Tür. »Entschuldigt, zurück zum Dezember 1989. Was wolltest du gerade fragen?«, erkundigt er sich und nimmt wieder neben Hans Modrow Platz. Doch er hat den Faden bereits wieder aufgenommen.

Gysi: Das war an jenem 3. Dezember. Das hat nun nichts mit Hans zu tun, aber ich will das trotzdem erzählen. Da bin ich mit Edwin Schwertner, dem Leiter des Büro des Politbüros, durch die endlosen Gänge mit den vielen Türen gegangen und wir haben überlegt, was zu tun ist. Als erstes haben wir als Untersuchungskommission die Türen der Politbüromitglieder versiegeln lassen.

Modrow: Was man dir hinterher zum Vorwurf machte.

Gysi: Ja. Dann haben wir die Türen der Finanzabteilung versiegeln lassen. Aber das war ein Denkfehler. Ich wusste ja nicht, dass die geheimen und die Westfinanzen über die Verkehrsabteilung laufen. Falls es Edwin Schwertner gewusst haben sollte, hat er es mir jedenfalls nicht gesagt. Aber vielleicht hat auch er es nicht gewusst. Ich dachte damals, dass die Verkehrsabteilung für die Reichsbahn und den Straßenverkehr verantwortlich war.

Die Namen der Mitglieder dieser Untersuchungskommission sind nie publik geworden. Wir haben unlängst in den Memoiren eines VP-Offiziers, Gerhard Lauter sein Name, eine von dir unterschriebene Mitgliedskarte veröffentlicht. Er gehörte diesem Gremium an. Darauf reagierte mindestens ein weiteres Kommissionsmitglied sehr kritisch. Es habe eine Verabredung aller gegeben, keine Namen zu nennen. Gab es ein solches Schweigegelübde?

Gysi: Ach, da verlässt mich meine Erinnerung. Ich entsinne mich lediglich, dass sich am nächsten Tag eine kleine Gruppe aus dem ZK-Apparat bei mir meldete, die heimlich Material gesammelt hatte und es mir übergab. Das war für mich eine große Hilfe. Und dann …

Die Sekretärin steckt den Kopf durch die Tür. »Entschuldigung, Ulrich Maurer[1] ist am Telefon. Dringend.« Gysi geht in sein Zimmer hinüber.

Modrow: Wir müssen folgende Sache in diesem Zusammenhang bedenken. Die ist meines Wissens nie richtig aufgearbeitet worden. Es gab diese von der Partei eingesetzte Untersuchungskommission mit Gregor, die eigentlich nie richtig wirksam geworden ist. Und eine zweite Parteikommission mit Werner Eberlein, die die Parteiausschluss- und -rehabilitationsverfahren durchführte. Unabhängig davon bildete die Volkskammer einen Ausschuss zur Untersuchung von Amtsmissbrauch und Korruption unter Leitung von Ex-Richter Heinrich Toeplitz[2], weil die meisten Politbüromitglieder auch Volkskammerabgeordnete waren. Die Mehrheit von ihnen wurde auch von diesem Volkskammerausschuss vernommen. Das heißt, es wurden sowohl aus dem parlamentarischen Bereich als auch aus der SED selbst Ermittlungen gegen Parteifunktionäre geführt. Da entwickelten sich Prozesse, die parallel liefen. Toeplitz war CDU-Mitglied, der wollte genau wissen, was für Privilegien die SED-Funktionäre genossen. Das heißt, es ging weniger um juristische, sondern mehr um politische Probleme. Das einzige juristische Verfahren, dass sich daraus ergab, richtete sich gegen Gerhard Müller[3], den 1. Sekretär der Bezirksleitung Erfurt, wegen einer Jagdhütte, also persönliche Bereicherung. Die rechtlichen Fragen tauchten erst im Zusammenhang mit der Grenzsicherung auf, also mit den sogenannten Schüssen an der Grenze.

Gysi kehrt ins Zimmer zurück. Will Maurer nun auch austreten? Neinnein, iwo, sagt Gysi leicht genervt und setzt sich.

Modrow: Wir waren bei der Feststellung, dass aus der Tätigkeit der von dir geleiteten Kommission keine juristischen Konsequenzen erwachsen sind.

Gysi: Ja. Ich wollte nur noch ergänzen, dass ich unmittelbar nach meiner Berufung als Kommissionsvorsitzender Post von Parteimitgliedern bekam, die ihre Mitarbeit anboten. Darauf konnte ich aber nicht eingehen, weil ich sie nicht kannte. Ich bat Barbara Erdmann, eine Rechtsanwältin, mich zu unterstützen, und noch weitere Personen, aber an deren Namen kann ich mich nicht mehr erinnern. Auf alle Fälle haben wir in dieser einen Woche bis zum Sonderparteitag eine ganze Menge Arbeit geleistet.

Dort wurdest du gleich am ersten Tag zum Vorsitzenden der SED gewählt. Statt Blumen gab es einen großen Besen, zum Foto schrieb damals die Nachrichtenagentur ADN, Dr. Gregor Gysi wurde symbolisch zum »großen Saubermacher gekürt«. Den Besen sah ich einige Jahre in deinem Arbeits- bzw. Vorzimmer im Karl-Liebknecht-Haus stehen, eines Tages war er verschwunden. Wo ist der eigentlich abgeblieben?

Gysi: Keine Ahnung. Seine Aufgabe hatte sich ja wohl auch erledigt.

Modrow: Vielleicht sollte man auch noch erwähnen, dass am Vortag des Parteitages, also am 7. Dezember, erstmals der Zentrale Runde Tisch zusam-

Besen statt Blumen: Gysi soll den Saubermann machen. Rechts neben ihm Wolfgang Berghofer, links (applaudierend) Heinz Vietze, Dezember 1989

mentrat. Das geschah unter dem Dach der Kirche, im Dietrich-Bonhoeffer-Haus in der Ziegelstraße. Im Auftrag des Arbeitsausschusses der SED haben du und Wolfgang Berghofer[4] daran teilgenommen. Dort wurde gleich am ersten Tag der Termin für die Wahl einer neuen Volkskammer vorgeschlagen: 6. Mai 1990.

Gysi: Klar, auch wegen der Symbolik. Am 6. Mai 1989 hatte es ja die umstrittenen Kommunalwahlen gegeben.

Modrow: Der Parteitag in der Berliner Dynamo-Halle mit, glaube ich, mehr als 2.700 Delegierten wählte ja nicht nur den Vorsitzenden, sondern auch einen 99-köpfigen Vorstand.

Gysi: Vor allem aber, und das war doch das Entscheidende, vollzog er einen radikalen Bruch mit dem Stalinismus und bekannte sich zu den Prinzipien eines demokratischen Sozialismus.

Worüber bis heute gestritten wird, was unter dem »radikalen Bruch mit dem Stalinismus« zu verstehen ist. Der Interpretationsspielraum für »Stalinismus« wird mitunter sehr weit gefasst, insbesondere dann, wenn diese Titulierung als Totschlagargument – von außen wie auch innerparteilich – benutzt wird.

Gysi: Ich denke, dass damals Michael Schumann[5] in seinem Referat sich dazu sehr präzise geäußert hat.

Wir kommen darauf vielleicht noch zu sprechen. Mich interessiert zunächst, warum ausgerechnet du Parteivorsitzender geworden bist. Du warst doch kein Politprofi, hattest, pardon, von dieser Maschinerie keine

Ahnung. Die SED zählte damals, Ende 1989, vermutlich noch immer rund zwei Millionen Mitglieder, im landesweiten Parteiapparat waren über 44.000 Menschen hauptberuflich tätig, allein im ZK fast zweitausend.

Gysi: Wir hatten zuvor im Arbeitsausschuss diskutiert, wer den Parteivorsitzenden machen sollte. Erst wurde Herbert Kroker[6] vorgeschlagen, der lehnte ab. Danach wurde Wolfgang Berghofer vorgeschlagen, der lehnte auch ab, schlug aber mich vor. Ich zögerte ebenfalls. Daraufhin hat Berghofer ein Gespräch mit mir geführt und mich bearbeitet. Schließlich willigte ich ein – allerdings mit der Maßgabe, dass ich es nur machte, wenn er mein Stellvertreter würde. Darauf sagte er Ja … Ich hatte allerdings keine Frist mit ihm vereinbart.

Berghofer verließ gemeinsam mit dreißig Spitzenfunktionären bereits nach sechs Wochen die SED-PDS, wie sie sich seit dem 16. Dezember nannte. Er selbst begründete mir gegenüber diesen Schritt in einem Interview, das am 19. April 1990 die Junge Welt *veröffentlichte, so: »Ich war der festen Überzeugung, man kann die SED von Grund auf ändern, indem man sich von den Hauptschuldigen trennt, indem man mit der Aufarbeitung des Systems beginnt – das hat der Dezemberparteitag ja versucht, indem man sich klar zu Schuld und Verantwortung bekennt – auch das geschah auf diesem Parteitag –, und indem man dieser Partei eine völlig neue demokratische Basis gibt. Das hielt ich für machbar. Ich habe gehofft, eine Partei mit sozialdemokratischer Programmatik entwickeln zu können –*

und der Name Partei des Demokratischen Sozialismus
gab ja auch Anlass für diese Hoffnung. In Berlin lernte
ich das Gefühl kennen, vom Mitverantwortlichen zum
Mitschuldigen zu werden. Der alte Parteiapparat war
ja noch intakt und arbeitete auf allen Etagen. Bei
jedem rannte man gegen Gummi. Dazu kamen scharfe
Auseinandersetzungen in Dresden ... Ich plädierte für
die Auflösung der Partei, um damit den Weg freizuma-
chen für einen tatsächlichen demokratischen Neu-
beginn zur Überwindung der tiefen Krise in unserem
Land. Das passierte aber nicht. Deshalb sagte ich: Jetzt
ist Schluss, ich trete aus.«
Berghofer war seit 1986 Oberbürgermeister von Dres-
den, es hieß, er sei mit dem dortigen 1. Sekretär der
SED-Bezirksleitung befreundet. Beide, Berghofer und
Modrow, galten als Hoffnungsträger der Reformer, sie
hatten in Dresden am 8. Oktober den ersten Runden
Tisch in der DDR initiiert, der dann zum Vorbild fürs
ganze Land wurde. – Was war da passiert?

Modrow: Da hatte sich der gute Wolfgang seine
Wahrheit ein wenig zurechtgebogen. So oft kann er
das von ihm beschriebene »Gefühl« in Berlin kaum
erfahren haben. Denn im Unterschied zu mir, der ich
bei meiner Berufung zum Ministerpräsidenten sofort
nach Berlin gezogen war – ich bezog im Gästehaus
des Ministerrates Johannishof Quartier – blieb Berghofer in Dresden. Und konferierte, was er im Interview verschwieg, mit Hamburger Sozialdemokraten
wie Henning Voscherau[7] und anderen. Ihm ging es
nicht um eine reformierte SED, sondern um die
Überführung zumindest großer Teile der Partei in die
SPD. Als ich mit Kohl am 19. Dezember in Dresden

sprach, mehr noch auf der Kundgebung mit dem Kanzler vor der Ruine der Frauenkirche, war doch klar, wohin die Reise gehen würde: ab nach Deutschland. Insofern stellte sich die Frage nach einer zweiten »Partei mit sozialdemokratischer Programmatik« nicht – es gab bereits eine SPD. Die Genossen in Hamburg (und gewiss auch die meisten in der Bonner Baracke[8]) waren mit einer solchen mit Berghofer denkbaren Übernahme eines Teils der SED-Mitglieder sehr einverstanden. Egon Bahr[9] sagte einmal: Wir wollen unser Blut zurück.

Damit spielte er auf die KPD-Gründung 1918 an, in deren Tradition sich die SED sah, obgleich sie selbst aus einer Vereinigung von KPD und SPD hervorgegangen war. Wir sind wieder bei Marx, unter seinem Banner, hatte damals Rosa Luxemburg bei der Konstituierung der KPD erklärt. Aus Sicht der Sozialdemokratie war dies jedoch eine Abspaltung von der Mutterpartei, die sie revidieren wollte, indem nun die »Abtrünnigen« in den Schoß der Partei zurückkehrten. Allerdings hatte die westdeutsche SPD die Rechnung ohne die ostdeutsche SDP gemacht: Die wollten mit den Genossen, die aus der SED kamen, nichts zu tun haben.

Modrow: Das war ein schwerer strategischer Fehler. Denn wären sie damals nicht der Absage von Ibrahim Böhme[10], Markus Meckel[11] & Co. gefolgt – ich bin mir nicht sicher, ob das unsere Partei überlebt hätte.

Gysi: Ich glaube eher, dass die Ablehnung auf der Fehleinschätzung der westdeutschen SPD fußte, ihre Ost-Genossen würden aus den Volkskammerwahlen als stärkste Kraft hervorgehen. Da wollte man sich nicht mit der SED belasten.

Sozialdemokraten aus dem Westen haben seinerzeit in der SED zu wildern versucht, ohne dass dies öffentlich wurde. Ich erinnere mich eines Treffens mit dem Sohn eines Mannes vom 20. Juli am Savigny-Platz. Jahre zuvor hatten wir uns in der DDR-Akademie der Künste kennengelernt, dann war er mit Forschungsauftrag nach Nepal gegangen. Plötzlich war er wieder da und lud mich zum Essen ein. Dabei offenbarte er mir den Grund seiner vorzeitigen Rückkehr und den für diese Zusammenkunft. Er habe den Auftrag, beim Aufbau der SPD in Ostberlin mitzuwirken. Unumwunden lud er mich ein, in seine Partei einzutreten – wissend, wer

Geht da vielleicht was? Gregor Gysi (PDS) und Wolfgang Thierse (SPD) in einem Berliner Jugendklub im Frühsommer 1990 bei einem von der Jungen Welt *organisierten Gespräch, Frank Schumann im weißen T-Shirt in der Mitte*

31

ich war. Das störte ihn nicht, im Gegenteil. Wir haben uns später noch ein-, zweimal in Potsdam getroffen, da bereitete er sich gerade auf seine nächste Aufgabe vor: Er sollte in der Landeshauptstadt Polizeipräsident werden, was er dann bis zu seiner Pensionierung auch war.

Gysi: Natürlich gab es Abwerbungsversuche.

Modrow: Die aber mehrheitlich erfolglos blieben. Und zwar nicht, weil sich die Angesprochenen verweigerten, sondern – ich erinnere nur an Manfred Uschner[12], einst Mitarbeiter im Zentralkomitee –, weil die SPD-Gliederungen sie rigoros ablehnten.

Aber ich will noch einmal auf Gregors Stellvertreter zurückkommen.

Gysi: Hans, du hast offenbar vergessen, dass ich zunächst drei Stellvertreter hatte – Wolfgang Berghofer, Wolfgang Pohl[13] und Hans Modrow.

Modrow: Natürlich habe ich das nicht vergessen, wie ich auch nicht verdrängt habe, dass ich als Ministerpräsident damals nicht nur für eine Partei, sondern für ein ganzes Land verantwortlich war, weshalb mein Engagement für die PDS damals zwangsläufig ein wenig zurücktrat. Ich stand seit dem 4. Februar an der Spitze einer Allparteien-Koalitionsregierung. Am 28. Januar hatte ich die Oppositionsparteien und -gruppen des Runden Tisch eingeladen, ihre Vertreter in den Ministerrat zu entsenden. Damit wollte ich dem Irrtum entgegentreten, dass der Runde Tisch eine Art Überregierung der DDR sei. Dieses Gremium war durch keinerlei Wahlen demokratisch legitimiert. Im Interesse der staatlichen Ordnung musste also eine von allen politischen Kräften getragene Führung etabliert werden. Die SED-PDS war nur eine Kraft dabei.

Gysi: Zumal die Volkskammer am 1. Dezember beschlossen hatte, den Führungsanspruch der SED aus dem Artikel 1 der Verfassung zu streichen.

Modrow: Bevor wir weiter über Grundsätzliches reden, will ich daran erinnern, das sich auf deine Initiative hin am 12. Januar ein »Beirat der Alten beim Parteivorstand« konstituierte. Dieser Ältestenrat existiert noch immer, wenngleich kaum einer von damals noch unter uns ist.

Gysi: Ja, stimmt, leider. Ernst Engelberg[14], Erwin Geschonneck[15], Stephan Hermlin[16], Walter Janka[17], Jürgen Kuczynski[18], Gerhard Leo[19], Kurt Maetzig[20], Arno Mohr[21], Wolfgang Ruge[22], Karl Schirdewan[23], Steffie Spira[24], Ruth Werner[25], Markus Wolf und andere: alle inzwischen verstorben. Ich hatte auf dem Parteitag vorgeschlagen, einen solchen Rat zu bilden. Wir wollten das Wissen und die politischen Erfahrungen dieser Persönlichkeiten für die Parteiarbeit aktiv nutzen, sie sollten den Parteivorstand beraten. Zugleich aber wollten wir damit auch Kontinuität signalisieren. Wir brachen mit dem politischen System des Stalinismus, nicht aber mit der sozialistischen Idee, die stets auch in dieser Partei gelebt hatte.

Gab es in jener Situation zwischen euch beiden überhaupt eine Kommunikation?

Gysi: Ja, natürlich. Hans übernachtete in der Johannisstraße, keine hundert Meter vom Bonhoeffer-Haus entfernt, an dem heute eine Gedenktafel an den Runden Tisch erinnert. Wir trafen uns im Johannishof. Er hat mich beraten und mir Hinweise gegeben. Ich entsinne mich, dass wir vor einem Treffen mit den SED-Ministern dieses gemeinsam vorbereitet haben, an dem er aber aus prinzipiellen Erwägungen nicht teilnehmen wollte. Er war zwar Premierminister, aber vertrat nicht die Partei. Ich müsse mich auf Kritik von den SED-Ministern vorbereiten, die dann prompt auch kam – schließlich war ich ja nun deren Parteichef. Und die erwarteten Rückendeckung und Unterstützung für ihre Arbeit.

Hans und ich besprachen im Johannishof auch, dass wir besser die Wahl vom 6. Mai auf den 18. März vorziehen sollten, weil der öffentliche Druck ständig zunahm. Angriffspunkt war die in Abrede gestellte demokratische Legitimierung des Parlaments und damit der von ihm bestellten Regierungsgremien …

Modrow: Ich glaube, wir müssen hier einiges auseinanderhalten. Es gab die Vorbereitung des Sonderparteitages mit den beiden Sitzungen am 8./9. und 16./17. Dezember. In dieser Phase ging es um die Klärung der Frage, wohin sich die Partei entwickeln soll und welche Schritte als nächste unternommen werden müssen. Darüber haben wir im Arbeitsausschuss diskutiert. Nicht nur wir beide, Gregor, sondern wir alle, einschließlich der fünfzehn neugewählten 1. Sekretäre der SED-Bezirksleitungen. Auch wenn Kroker später nicht Parteivorsitzender werden wollte, so war er doch Vorsitzender des Auschusses und damit eine wichtige Person in der Vorbereitung des Parteitages. Bei ihm lag auch die Initiative zur Bildung von acht Arbeitsgruppen, die das Referat formulierten – mit Lothar Bisky[26], Heinz Vietze[27], Michael Schumann, Dieter Klein[28] und anderen.

In dieser Diskussion wurde klar, dass das Verhältnis von Partei und Regierung neu bestimmt werden muss. Am 1. Dezember hatte schließlich die Volkskammer beschlossen, den Führungsanspruch der SED aus Artikel 1 der Verfassung zu streichen. Daraus erwuchs die Überlegung, dass ich eingangs – gleichsam zur Einführung in den Parteitag – vor den Delegierten als Ministerpräsident über Regierungsarbeit referierte. Was ich auch tat.

An der ersten Sitzung des Parteitages nahmen auch einige ehemalige Politbüromitglieder teil. Hager[29], Keßler[30], Krenz[31], Lorenz[32], Lange[33] und andere hatten eine Erklärung eingereicht, die aber auf Beschluss der Delegierten nicht als Dokument des Parteitages behandelt wurde. Das war noch rasch zu entscheiden gewesen. Wesentlich komplizierter und kontroverser gestaltete sich die nachfolgende Debatte, ob die Partei sich auflösen oder weiter fortbestehen solle, und falls sie bliebe, wann und wie die neue Führung gewählt werden sollte. Erst dann kommst du ins Spiel, Gregor.

Alle Beteiligten waren sich jedoch einig, so hatten wir es auch im Arbeitsausschuss besprochen, dass die neue Führung gleich auf der ersten Zusammenkunft gewählt werden müsse, um den Delegierten und der Mitgliedschaft, auch der Bevölkerung, das Signal zu geben: Hier gibt es eine demokratisch legimierte Führung mit einem klaren Handlungsauftrag, kein mehr oder minder willkürlich zusammengesetzter Ausschuss, der nur die Fäden aufgenommen und das Vakuum gefüllt hatte, das der Rücktritt des Zentralkomitees geschafft hatte.

Gysi: Die Zuspitzung erfolgte, als jemand aus dem Auditorium den Antrag stellte, die SED aufzulösen.

Modrow: Ich glaube, der Antrag ist noch nicht einmal schriftlich gestellt worden. Das passierte nur mündlich, aus einer Wortmeldung heraus. Das war kurz vor Mitternacht. Wir haben daraufhin erst einmal eine Pause gemacht, in der wir beschlossen haben, dass ich danach als Erster rede, und zwar gegen diesen Antrag.

Gysi: Wir haben den Parteitag zur geschlossenen Sitzung erklärt und die Medienvertreter nach Hause geschickt. Und dann sprach Hans. Man kann sagen, dass er mit seiner Rede die Auflösung der Partei verhindert hat.

Aber auch du selbst hast doch vehement gegen die Auflösung gestritten, nicht zuletzt wegen des Vermögens.

Gysi: Nicht nur deshalb, aber auch deswegen. Das Parteivermögen wäre doch plötzlich herrenloses Gut gewesen. Es gab in der DDR zu jener Zeit überhaupt keine rechtlichen Voraussetzungen, um etwa eine Stiftung zu gründen, in die man das gesamte Parteivermögen für den Übergang hätte geben und dann geordnet übergeben können. Jeder hätte sich Eigentum – Konten, Immobilien, Bargeld, technische Ausrüstungen etc. – unter den Nagel reißen können, dieser Auflösungsprozess wäre nicht zu steuern und damit zu beherrschen gewesen. Es war damals meine Überzeugung und ist es noch immer: Wir hätten verantwortungslos gehandelt, hätten wir die Partei aufgegeben. Das Ministerium für Staatssicherheit/Amt für Nationale Sicherheit befand sich bereits in Auflösung.

Gysi und Modrow auf der Demonstration gegen Rassismus und Ausländerfeindlichkeit in Rostock, 29. August 1992. Eine Woche zuvor hatte es in Lichtenhagen einen Überfall auf ein Asylbewerberheim gegeben

Nun auch noch den Parteiapparat zu liquidieren und zehntausende Mitarbeiter ohne Perspektive und materielle Absicherung auf die Straße zu werfen, das war moralisch und auch politisch nicht zu rechtfertigen. Die DDR kannte keine Arbeitsämter, die hatte sie bis dahin auch nicht nötig. Also musste dieser gewaltige Personalabbau, die Klärung von Renten und anderen rechtlichen Ansprüchen von der Partei selbst vorgenommen werden. Schon darum konnten wir sie nicht auflösen.

War zu keinem späteren Zeitpunkt die Auflösung der seit dem 5. Februar 1990 nur noch als PDS firmierenden Partei denkbar gewesen?

Gysi: Frühestens im Sommer 1990. Da aber waren die Mitglieder bzw. die Partei durch Volkskammer- und Landtagswahlen bestätigt und sahen keine Notwendigkeit einer Auflösung mehr. Die PDS hatte sich als politisch eigenständige Kraft links von der SPD in der DDR etabliert.

Ja, auch ich war als Parteivorsitzender strikt gegen eine Auflösung der SED, aber ich bleibe dabei: Hans Modrows Rede nach Mitternacht hat bewirkt, dass die Mehrheit der Delegierten des Sonderparteitags gegen den Antrag zur Auflösung der Partei stimmte.

Man kann also sagen: Ohne Modrow gäbe es die Linkspartei nicht?
Gysi: Kann man so sehen.

Das erklärt, weshalb er so an ihr leidet?
Gysi: Hans, du leidest an uns?

Modrow schweigt.

Anmerkungen

1 Ulrich Mauer, Jahrgang 1948, Rechtsanwalt in Stuttgart, von 1987 bis 1999 Vorsitzender der SPD Baden-Württemberg und von 1992 bis 2001 Vorsitzender der SPD-Landtagsfraktion. 2005 Austritt aus der SPD und Eintritt in die Wahlalternative Soziale Gerechtigkeit (WASG) und seit 2007 Mitglied der Partei Die Linke. Bundestagsabgeordneter seit 2005, parlamentarischer Geschäftsführer und Fraktionsvize. Bei der Bundestagswahl 2013 tritt er nicht wieder an.

2 Heinrich Toeplitz (1914-1998), Jurist, von den Nazis aus rassischen Gründen verfolgt, seit 1949 Mitglied der CDU, Mitbegründer und Präsidiumsmitglied der Zentralleitung des Komitees der Antifaschistischen Widerstandskämpfer der DDR von 1952 bis 1990 sowie seit 1954 Mitglied im Zentralrat der Fédération Internationale des Résistants (FIR, Internationale Vereinigung der Widerstandskämpfer). Von 1960 bis

1986 war Toeplitz Präsident des Obersten Gerichts der DDR. Er leitete seit Ende 1989 den Ausschuss der Volkskammer zur »Überprüfung von Fällen des Amtsmissbrauchs, der Korruption, der persönlichen Bereicherung und anderer Handlungen«.

3 Gerhard Müller, Jahrgang 1928, nach Kriegsende Eintritt in die SPD, Neulehrer. Nach Besuch der Parteihochschule 1. Sekretär der SED-Kreisleitung Neubrandenburg (1965-1974), dann 2. Sekretär der Bezirksleitung Neubrandenburg. Von 1980 bis 1989 war er 1. Sekretär der SED-Bezirksleitung Erfurt und seit 1981 Kandidat des Politbüros. Ausschluss aus der SED und Anklage am 1. Juni 1990 wegen »mehrfachen Vertrauensmissbrauchs, Anstiftung zu Untreue und Diebstahl«. Dafür wurde er 1992 zu acht Monaten Haft verurteilt, die durch eine zehnmonatige Untersuchungshaft abgegolten war. 1992 wurde ein weiteres Verfahren wegen Vertrauensbruch in Erfurt eröffnet und später ausgesetzt.

4 Wolfgang Berghofer, Jahrgang 1943, seit 1964 Mitglied der SED, ab 1968 hauptamtlicher FDJ-Funktionär. Im FDJ-Zentralrat zunächst für die Westarbeit, dann für Großveranstaltungen verantwortlich. Berghofer amtierte von 1986 bis 1990 als Oberbürgermeister von Dresden und schloss in dieser Funktion 1987 – im Jahr von Honeckers Staatsbesuch in der BRD und des SED-SPD-Papiers »Der Streit der Ideologien und die gemeinsame Sicherheit« – mit Klaus von Dohnanyi die Städtepartnerschaft Hamburg-Dresden. Da ihm die SPD 1990 die Aufnahme verweigerte, wechselte er in die Wirtschaft. Der Versuch eines politischen Comebacks scheiterte 2001: Bei den OB-Wahlen in Dresden hatte Berggofer als Parteiloser mit 12,2 Prozent keine Chance. 1992 wurde er wegen Wahlmanipulation zu einem Jahr Haft auf Bewährung und einer Geldstrafe von 36.000 Mark verurteilt.

5 Michael Schumann (1946-2000), Philosophie-Studium an der Leipziger Karl-Marx-Universität, danach an der Deutschen Akademie für Staats- und Rechtswissenschaft »Walter Ulbricht« in Potsdam-Babelsberg tätig, seit 1986 als Professor. Auf dem Außerordentlichen SED-Parteitag im Dezember 1989 referierte er zum Thema »Wir brechen unwiderruflich mit dem Stalinismus als System!«. 1990 war er Abgeordneter der Volkskammer und kurzzeitig des Deutschen Bundestages. Seit Oktober 1990 bis zu seinem tödlichen Autounfall 2000 war er Mitglied des Brandenburger Landtages und des PDS-Bundesvorstandes.

6 Herbert Kroker, Jahrgang 1929, Bauschlosser, Mitglied der SED seit 1954. Von 1964 bis 1968 Parteiorganisator des ZK der SED in der VVB Werkzeugmaschinen Karl-Marx-Stadt, danach Generaldirektor des VEB Kombinat Umformtechnik »Herbert Warnke« in Erfurt. 1983 wurde er wegen Differenzen mit dem für Wirtschaft zuständigen ZK-Sekretär Günter Mittag als Generaldirektor abgelöst und nach Apolda als Direktor des VEB Feuerlöschgerätewerks versetzt. Anschließend wirkte er von

1986 bis 1989 als Direktor des VEB Weimar-Werk für Landmaschinen. Im November 1989 wurde Kroker zum 1. Sekretär der SED-Bezirksleitung Erfurt - in der Nachfolge Gerhard Müllers - gewählt und nach dem Rücktritt der SED-Führung am 3. Dezember mit der Leitung des Arbeitsausschusses beauftragt. Danach zog er sich aus der Politik zurück.

7 Henning Voscherau, Jahrgang 1941, Rechtsanwalt, von 1988 bis 1997 Erster Bürgermeister von Hamburg. In dieser Funktion hatte der SPD-Politiker Verbindung zu Dresdens OB Berghofer.

8 Das Erich-Ollenhauer-Haus, von 1975 bis 1999 die Bundesparteizentrale der SPD an der Friedrich-Ebert-Allee in Bonn, wurde als »Baracke« bezeichnet. Der Vorgängerbau der SPD-Zentrale, ein barackenähnliches Gebäude, das die Partei 1951 angemietet hatte, um den temporären Charakter der Bundeshauptstadt Bonn zu demonstrieren, überlebte seinen Abriss als Name in dem in den 70er Jahren entstandenen Neubau.

9 Egon Bahr, Jahrgang 1922, gilt als einer der einflussreichsten SPD-Politiker der Bundesrepublik und als Vater der Politik »Wandel durch Annäherung«. Als Bundesminister für besondere Aufgaben von 1972 bis 1974 unter Kanzler Willy Brandt war er einer der aktiven Mitgestalter der Ostpolitik der SPD. Von 1972 bis 1990 gehörte Bahr dem Deutschen Bundestag an, von 1984 bis 1994 war er Wissenschaftlicher Direktor des Instituts für Friedensforschung und Sicherheitspolitik der Universität Hamburg.

10 Ibrahim Böhme (1944-1999), von 1962 bis 1978 Mitglied der SED, Bibliothekar, von 1978 bis 1982 Dramaturg am Theater Neustrelitz, seit 1985 in Berlin in der Kulturszene tätig. Er gehörte am 7. Oktober 1989 zu den Mitbegründern der Sozialdemokratischen Partei in der DDR (SDP) und wurde am 23. Februar 1990 zu deren Vorsitzendem gewählt. Unmittelbar nach der Volkskammerwahl am 18. März denunzierte ihn der *Spiegel* als IM des MfS, es folgte sein Rücktritt. 1992 wurde Böhme wegen »schweren parteischädigenden Verhaltens« aus der SPD ausgeschlossen.

11 Markus Meckel, Jahrgang 1952, nach Theologiestudium Pfarrer, von 1988 bis 1990 Leiter der Ökumenischen Begegnungs- und Bildungsstätte in Niederndodeleben bei Magdeburg. Mitbegründer der SDP und deren 2. Sprecher, vom 23. Februar 1990 bis zum Vereinigungsparteitag mit der westdeutschen SPD am 27. September 1990 stellvertretender Parteivorsitzender der ostdeutschen Partei. Daneben führte er nach dem Rücktritt von Ibrahim Böhme vom 26. März bis 10. Juni 1990 die Geschäfte des Vorsitzenden der Ost-SPD. In der letzten DDR-Regierung unter Lothar de Maizière Außenminister bis zum 20. August 1990. Mitglied des Bundestages von 1994 bis 2009. Bei der Bundestagswahl 2009 verlor Markus Meckel sein Direktmandat Uckermark-Barnim I an die Kandidatin Sabine Ursula Stüber von der Linkspartei. Meckel ist

heute Ratsvorsitzender der von ihm initiierten Bundesstiftung zur Aufarbeitung der SED-Diktatur und Mitglied des Beirats des BStU.

12 Manfred Uschner (1937-2007), war seit 1968 Mitarbeiter in der Abteilung Internationale Verbindungen des ZK der SED und des ZK-Sekretärs Hermann Axen. Anfang 1989 wurde er als politisch unzuverlässig aus dem ZK-Apparat entlassen. 1995 Aufnahme in die SPD. Uschners Eltern waren in der SPD, und er rechnete sich damit jenem Klientel zu, über das Willy Brandt gesagt hatte: Wer von den SED-Mitgliedern aus sozialdemokratischem Hause sei, solle zurückkommen. Egon Bahr sagte es noch deutlicher: »Wir wollen unser Blut zurückhaben, das uns 1946 von den Kommunisten genommen wurde.« (*Die Zeit* vom 10. März 1995)

13 Wolfgang Pohl, Jahrgang 1940, seit Anfang 1990 stellvertretender Vorsitzender der PDS, besprach vor der Währungsunion in Moskau mit der Parteiführung der KPdSU Möglichkeiten zur Sicherung von Teilen des SED-Altvermögens mittels Begleichung von Altforderungen. Nach Auffliegen der Transaktion trat Pohl zurück und wurde später dafür verurteilt.

14 Ernst Engelberg (1909-2010), einer der bekanntesten marxistischen Historiker der DDR. Mitglied der KPD seit 1930, saß bei den Nazis wegen »Vorbereitung zum Hochverrat« 18 Monate im Zuchthaus, floh ins Exil, Rückkehr nach Deutschland 1948 und Eintritt in die SED. Die Deutsche Akademie der Wissenschaften der DDR berief Engelberg 1960 als Direktor an das Akademie-Institut für deutsche Geschichte. 1961 wurde er zum Ordentlichen Mitglied der Akademie gewählt. Zu seinen Schülern und Mitarbeitern gehören u. a. Rolf Weber, Werner Berthold, Heinrich Scheel, Wolfgang Ruge, Ingrid Mittenzwei, Thomas Höhle, Helmut Bock, Konrad Canis, Karl-Heinz Noack und Wolfgang Küttler. Er gehörte bis zu seinem Tod der PDS/Linkspartei an.

15 Erwin Geschonneck (1906-2008), Mitglied der KPD 1929, Emigration in die Sowjetunion, 1938 dort ausgewiesen, Häftling in den Lagern Sachsenhausen, Dachau und Neuengamme. Am 3. Mai 1945 überlebte er den Untergang des in der Lübecker Bucht von britischen Flugzeugen versenkten KZ-Schiffes »Cap Arcona«. Von 1946 bis 1948 arbeitete Geschonneck an den Hamburger Kammerspielen und wirkte in verschiedenen Filmproduktionen mit. 1949 holten ihn Bertolt Brecht und Helene Weigel an das Berliner Ensemble, Eintritt in die SED. In einer Kritikerumfrage wurde Geschonneck 1992 zum besten DDR-Schauspieler gewählt. Bis zu seinem Tod Mitglied der PDS/Linkspartei.

16 Stephan Hermlin (1915-1997), Sohn jüdischer Einwanderer aus Osteuropa, Exil in Palästina, Frankreich und Schweiz. 1945 Rückkehr nach Frankfurt am Main, 1947 Übersiedlung nach Berlin. Hermlin war Mitglied des Schriftstellerverbandes der DDR, der Akademie der Künste der

DDR und seit 1976 auch der Akademie der Künste West-Berlin. War bis zu seinem Ableben im Ältestenrat.

17 Walter Janka (1914-1994), Jungkommunist, wegen »Vorbereitung zum Hochverrat« Zuchthausstrafe. Nach KZ-Aufenthalt Abschiebung in die Tschechoslowakei, danach Thälmann-Bataillon in Spanien. Exil in Mexiko, wo er gemeinsam mit Paul Merker und Alexander Abusch die Bewegung »Freies Deutschland« ins Leben rief. Er leitete dort den 1942 gegründeten Verlag »El Libro Libre«, für den auch Anna Seghers tätig war. 1946 übernahm Janka die Leitung der KPD-Gruppe in Mexiko. Rückkehr nach Deutschland 1947, als stellvertretender Geschäftsführer des Aufbau-Verlages 1956 wegen »konterrevolutionärer Verschwörung« verhaftet und zu fünf Jahren Haft verurteilt. 1960 entlassen, Tätigkeit als Dramaturg bei der DEFA, 1972 Wiederaufnahme in die SED. Am 1. Mai 1989 erhielt Janka »in Würdigung hervorragender Verdienste beim Aufbau und bei der Entwicklung der sozialistischen Gesellschaftsordnung in der Deutschen Demokratischen Republik« den Vaterländischen Verdienstorden in Gold. Das Urteil von 1956 wurde in einer öffentlichen Sitzung des Obersten Gerichts der DDR am 4./5. Januar 1990 für aufgehoben erklärt.

18 Jürgen Kuczynski (1904-1997), KPD 1930. 1936 ins Exil nach Großbritannien. Dort wurde er vom US-amerikanischen Geheimdienst Office of Strategic Services (OSS) als Statistiker rekrutiert. Kuczynski gewann Klaus Fuchs für den sowjetischen Nachrichtendienst, seine Schwester Ruth Werner wurde dessen Führungsoffizier. Bis zum Sommer 1944 war er Mitglied der Leitung der KPD-Emigrantenorganisation in Großbritannien. 1944/45 arbeitete Kuczynski als Statistiker in der US-Army im Rang eines Colonels. JK war einer der prominentesten und produktivsten Wissenschaftler der DDR. 1964 trat Kuczynski als Gutachter des Nebenklägers Friedrich Karl Kaul im ersten Frankfurter Auschwitz-Prozess auf. In seinem historischen Gutachten analysierte Kuczynski die »Verflechtung sicherheitspolizeilicher und wirtschaftlicher Interessen bei der Errichtung und im Betrieb des KZ Auschwitz« zwischen der I.G. Farbenindustrie und der SS. Seit 1955 leitete er die Abteilung Wirtschaftsgeschichte im Institut für Geschichte der Akademie der Wissenschaften, 1968 emeritierte er und war danach überwiegend publizistisch tätig.

19 Gerhard Leo (1923-2009), 1933 Flucht mit der Familie nach Frankreich, Eintritt in die KP Frankreichs und Mitglied der Resistance, wofür er am 17. Februar 2004 durch Dekret des französischen Staatspräsidenten Jacques Chirac zum Ritter der Ehrenlegion ernannt wurde. Nach dem Krieg Rückkehr ins Ruhrgebiet, 1954 Emigration in die DDR, Korrespondent des *Neuen Deutschland* in Frankreich. Bis zu seinem Tod war er in verschiedenen antifaschistischen und antirassistischen Vereinigungen tätig.

20 Kurt Maetzig (1911-2012), 1944 Mitglied der illegalen KPD, 1946 Mitbegründer der DEFA und erster Direktor der DEFA-Wochenschau »Der Augenzeuge«. Später als Filmregisseur tätig (»Ehe im Schatten«, 1947; »Die Buntkarierten«, 1949, die Thälmann-Filme 1954/55, »Das Kaninchen bin ich«, 1965 u. a.), ab 1955 Professor für Filmregie und Direktor der Deutschen Hochschule für Filmkunst Potsdam-Babelsberg (bis 1964). Von 1967 bis 1988 war Maetzig Mitglied im Vorstand des Verbandes der Film- und Fernsehschaffenden der DDR.

21 Arno Mohr (1910-2001), Maler und Grafiker, von 1946 bis 1975 Professor an der Hochschule für bildende und angewandte Kunst in Berlin-Weißensee.

22 Wolfgang Ruge (1917-2006), 1933 Flucht in die Sowjetunion mit der Familie. Sein älterer Bruder Walter wurde interniert, der Vater Erwin 1939 an Hitlerdeutschland ausgewiesen, er selbst studierte in Moskau Geschichte, danach Verbannung und Fernstudium, Rückkehr in die DDR 1956 und Tätigkeit an der Akademie der Wissenschaften der DDR. Mitglied der SED. Prof. Ruge wurde Nationalpreisträger und erhielt die Ehrendoktorwürde der Universität Jena.

23 Karl Schirdewan (1907-1998), Eintritt in die KPD 1925, ZK-Mitglied, 1934 verhaftet und wegen »Vorbereitung zum Hochverrat« zu einer Zuchthausstrafe verurteilt, danach KZ Sachsenhausen und Flossenbürg. Seit 1945 im ZK der KPD, ab 1949 Leiter der Westkommission des Parteivorstandes der SED. Mitglied des Politbüros 1953 und ZK-Sekretär für Kaderfragen (bis 1958) und Mitglied der Sicherheitskommission (1954-1957). Wegen »fraktioneller Tätigkeit« 1958 aus dem Politbüro und dem Zentralkomitee der SED ausgeschlossen und strafversetzt. Schirdewan war von 1958 bis 1965 Leiter der Staatlichen Archivverwaltung Potsdam (StAV). 1990 wurde er von der PDS rehabilitiert und in den Ältestenrat aufgenommen.

24 Steffie Spira (1908-1995), KPD seit 1931 und Mitbegründerin der Theater-Truppe 1931. Exil in der Schweiz und Frankreich, Flucht aus der Internierung und Emigration nach Mexiko. 1947 Rückkehr nach Deutschland und Schauspielerin am Deutschen Theater und Mitwirkung an TV-Produktionen und DEFA-Filmen (u. a. in Maetzigs Thälmann-Filmen), Rednerin auf der Kundgebung am 4. November 1989.

25 Ruth Werner (1907-2000), geborene Kuczynski, Eintritt in die KPD 1926, gründete die Marxistische Arbeiterbibliothek (MAB Berlin) und übernahm deren Leitung. 1930 ging sie nach Shanghai, dort wurde sie von Richard Sorge für die sowjetische Militäraufklärung (GRU) angeworben. Ab 1933 Ausbildung in Moskau, danach verschiedene Einsätze, ab 1940 in Großbritannien. Bis 1949 arbeitete sie in Großbritannien, u. a. als Kurier des Atomspions Klaus Fuchs. 1949 Rückkehr in die DDR, 1969 von der GRU zum zweiten Mal mit dem Rotbannerorden geehrt, was einmalig war. Danach schriftstellerisch tätig.

26 Lothar Bisky, Jahrgang 1941, Studium der Philosophie und der Kultur-
wissenschaften, Mitglied der SED 1963, von 1980 bis 1986 Dozent an
der Akademie für Gesellschaftswissenschaften beim Zentralkomitee der
SED, danach Rektor und Ordentlicher Professor für Film- und Fern-
sehwissenschaft an der Hochschule für Film und Fernsehen Potsdam.
Am 4. November 1989 sprach er auf dem Alexanderplatz. Mitglied des
Parteipräsidiums der PDS 1989-91, von 1991 bis 1993 Landesvorsitzender der Partei in Brandenburg, von 1993 bis 2000 und erneut von
2003 bis 2007 Bundesvorsitzender der PDS, von 2007 bis 2010 mit
Oskar Lafontaine Ko-Vorsitzender der Linkspartei. Landtagsabgeordne-
ter von 1990 bis 2005, danach Mitglied des Bundestages für eine Legislatur, seit 2009 Mitglied des Europaparlaments.

27 Heinz Vietze, Jahrgang 1947, FDJ-Funktionär, von 1977 bis 1983 war
er 1. Sekretär der FDJ-Bezirksleitung Potsdam, danach 1. Sekretär der
SED-Kreisleitung Oranienburg, Ende 1989 für zwei Monate 1. Sekretär
der SED-Bezirksleitung Potsdam. Mitglied des Brandenburger Landtages von 1990 bis 2007, danach, bis 2012, Vorsitzender der parteinahen
Rosa-Luxemburg-Stiftung.

28 Dieter Klein, geboren 1931, Mutter SPD, Vater KPD. 1951 bis 1955
Studium der Wirtschaftswissenschaften an der Humboldt-Universität zu
Berlin. Von 1964 bis 1977 Direktor des Instituts für Politische Ökonomie an der Wirtschaftswissenschaftlichen Fakultät der Humboldt-Universität zu Berlin. Von Ende der 70er Jahre bis 1990 Prorektor für Gesellschaftswissenschaften der Humboldt-Universität. Vom Februar 1990 bis
Juni 1991 Leitung des Instituts für Interdisziplinäre Zivilisationsfor-
schung. Gestützt auf die Arbeitsergebnisse des Projekts »Moderne Sozia-
lismustheorie« referierte Klein auf dem Außerordentlichen Parteitag im
Dezember 1989 zur Programmatik der SED-PDS. Seit 1990 hatte er
den Lehrstuhl Ökonomische Grundlagen der Politik am Institut für
Sozialwissenschaften der Humboldt-Universität bis zur Emeritierung
1997 inne und arbeitete mit Lehraufträgen dort bis 1999. Von 2000 bis
2008 leitete er Aufbau und Arbeit der Zukunftskommission der Rosa-
Luxemburg-Stiftung.

29 Kurt Hager (1912-1998), 1930 KPD. KZ Heuberg, 1936 Emigration
und antifaschistische Arbeit in der Schweiz, in der Tschechoslowakei,
Frankreich und Spanien (1937-39), Flucht nach Großbritannien, 1945
Rückkehr nach Deutschland, zunächst Forstarbeiter und Schweißer,
dann Journalist. Ab 1949 Ordentlicher Professor für Philosophie an der
Humboldt-Universität. 1955 Sekretär des ZK der SED für Wissenschaft,
Volksbildung und Kultur, 1959 Kandidat, 1963 Mitglied des Politbüros
und Leiter der Ideologischen Kommission. Im Januar 1990 aus der SED-
PDS ausgeschlossen, 1995 Eintritt in die DKP, das Verfahren wegen der
»Todesschüsse an der Mauer« wurde aufgrund seines schlechten Gesund-
heitszustandes »ausgesetzt«.

30 Heinz Keßler, Jahrgang 1920, Maschinenschlosser, Übertritt in die Rote Armee drei Wochen nach dem Überfall Hitlerdeutschlands auf die Sowjetunion, Mitbegründer des Nationalkomitees »Freies Deutschland« 1943. 1945 KPD und 1946 Mitbegründer der FDJ, Eintritt in die bewaffneten Organe 1950. Verschiedene Dienststellungen, darunter Chef der Luftstreitkräfte/Luftverteidigung der NVA, von 1967 bis 1978 Stellvertreter des Ministers und Chef des Hauptstabes im MfNV in Strausberg. Von 1985 bis 1989 Verteidigungsminister, seit 1986 auch Mitglied des Politbüros. Am 17. November 1989 trat Armeegeneral Keßler von seinem Dienstposten zurück und wurde aus der NVA entlassen. Ausschluss aus der SED-PDS im Januar 1990, Eintritt in die DKP 2009. 1993 zu einer mehrjährigen Haftstrafe verurteilt, Entlassung aus der Haft 1998.

31 Egon Krenz, Jahrgang 1937, SED-Mitglied seit 1955, Studium an der Parteihochschule in Moskau von 1964 bis 1967, danach Sekretär des Zentralrats der FDJ, von 1971 bis 1974 Vorsitzender der Pionierorganisation, danach, bis 1983, 1. Sekretär des FDJ-Zentralrats. Seit 1983 Mitglied des Politbüros und ZK-Sekretär. Im Herbst 1989 Nachfolger Honeckers in allen Funktionen für 50 Tage, im Januar 1990 Ausschluss aus der SED-PDS. Die Berliner Staatsanwaltschaft erhob im Juni 1993 Anklage wegen »Totschlags und Mitverantwortung für das Grenzregime der DDR« und verurteilte ihn zu sechs Jahren und sechs Monaten. Am 18. Dezember 2003 wurde er nach vier Jahren aus der Haft entlassen, der Rest der Strafe wurde zur Bewährung ausgesetzt.

32 Siegfried Lorenz, Jahrgang 1930, von 1954 bis 1965 Sekretär bzw. 1. Sekretär der FDJ-Bezirksleitung Berlin, danach, bis 1976, Leiter der Abteilung Jugend im ZK der SED. 1971 Mitglied des ZK, von 1976 bis 1989 war er 1. Sekretär der SED-Bezirksleitung Karl-Marx-Stadt, seit 1986 Mitglied des Politbüros. Im letzten Prozess gegen Mitglieder des Politbüros wegen der »Todesschüsse an der Mauer« verurteilte ihn das Berliner Landgericht am 6. August 2004 wegen »Beihilfe zum dreifachen Mord« zu einer Freiheitsstrafe von einem Jahr auf Bewährung.

33 Inge Lange, Jahrgang 1927, geborene Rosch, Mitglied der KPD 1945. Von 1945 bis 1961 arbeitete sie in verschiedenen FDJ-Funktionen. 1963 wurde sie Kandidat und 1965 Mitglied des Zentralkomitees der SED, 1973 Kandidat des Politbüros und ZK-Sekretär für Frauenfragen. Am 21. Januar 1990 wurde sie aus der SED-PDS ausgeschlossen.

»Dass viele Kohl blindlings folgten, hatte sich die SED zuzuschreiben«

Habt ihr euch auch verständigt, bevor Hans Modrow am 30. Januar nach Moskau geflogen ist? Und vor deinem Treffen mit Gorbatschow am 2. Februar 1990?

Gysi: Selbstverständlich.

Und bist du dann wie wir alle von seiner Erklärung am 1. Februar überrascht worden, die er nach seiner Rückkehr auf einer internationalen Pressekonferenz abgab. »Die Vereinigung der beiden deutschen Staaten rückt auf die Tagesordnung«, sagte dort Modrow.

Gysi: Ganz so überrascht wie die meisten Menschen in der DDR und darüber hinaus war ich nicht. Hans hatte mich über die Konsultationen in Moskau informiert. Dennoch hatte ich wegen seiner Erklärung Bauchschmerzen, obgleich ich mir bewusst war, dass es so kommen würde, wie er es formulierte. Hans unternahm den verständlichen, aber vermutlich kaum erfolgreichen Versuch, die politische Initiative zurückzugewinnen. Die Würfel – das erfuhren wir allerdings erst sehr viel später – waren in Moskau längst gefallen, und Bonn diktierte den Fahrplan.

Dennoch mobilisierte ich nach meinem Gespräch mit Hans das Präsidium. So kam es, dass am Freitag, dem 2. Februar, das *Neue Deutschland* – seit dem 4. Dezember nicht mehr Organ des ZK der SED, sondern »Sozialistische Tageszeitung« – mit zwei Aufmachern erschien: »Hans Modrow unterbreitet Konzept ›Für Deutschland, einig Vaterland‹«, und daneben stand die warnende Erklärung des Präsidiums des Parteivorstandes der SED-PDS: »Eine sofortige Vereinigung ist nicht möglich«. Sie zeigte ein ganz klein wenig Distanz.

Warum hattest du Bauchschmerzen?

Gysi: Weil der Parteitag vor kurzem beschlossen hatte, dass wir um eine reformierte DDR kämpfen wollten.

War's das »Vaterland«?

Gysi: Nein, das weniger. Mit solchen Begriffen hatte ich noch nie etwas anfangen können. Ich empfand die Erklärung von Hans als einen weiteren Schritt zur Aufgabe der DDR, auch wenn mir rational bewusst war, dass wir um die Einheit nicht herumkämen. Ich habe die Vorgabe von Hans schließlich akzeptiert, aber ich brauchte dafür meine Zeit.

Aber war nicht bereits am 9. November, als die Grenze aufgemacht wurde, klar, dass alle Überlegungen von einer eigenständigen, reformierten DDR obsolet waren?

Gysi: Ach, ich kann dir nur sagen, was ich damals dachte und empfand. Ich erinnere mich, dass ich zu meiner damaligen Lebensgefährtin sagte, als wir die Bilder im Fernsehen sahen, dass das der Beginn des Endes der DDR sei, und sie sagte: Quatsch, die gehen nur nach drüben, um einen Kaffee zu trinken, und kommen alle wieder. Und auf dem Parteitag habe ich geschildert, wie ich mir eine reformierte DDR vorstelle, und daraufhin meinte sie nun wieder: Du hast mir doch am 9. November erzählt, das wäre das Ende der DDR – und nun kommst du mir damit! Ratio und Emotion gingen in diesem Falle deutlich auseinander.

Aber zu meiner Ehrenrettung kann ich auch vorbringen, dass damals, Ende '89, Anfang '90 noch nicht absehbar war, wie sich die Sowjetunion verhalten würde, was die USA, Großbritannien und Frankreich machten. Am 21. Dezember war Präsident Mitterrand in Berlin und schien im Gespräch mit mir nicht dagegen zu sein, die DDR zu erhalten. Kurz zuvor hatte Frankreichs Regierungschef mit Hans einen Vertrag über die wirtschaftliche Zusammenarbeit beider Staaten unterzeichnet, und den mit einer Laufzeit von fünf Jahren, und Hans hatte sich mit US-Außenminister Baker in Potsdam getroffen. Und nebenbei bemerkt: Gorbatschow betonte bei unserer Begegnung in Moskau am 2. Februar wie schon am 11. Dezember: Kämpfen Sie für die Umgestaltung und Erneuerung der Partei und des Landes.

Nun kann man das entweder sibyllinisch oder verlogen nennen. Denn am gleichen Tag, als du in Moskau warst und das ND *Modrows Erklärung und die des Präsidiums veröffentlichte, konnte man in einem Kommentar des Blattes lesen, dass Modrow zwei Tage zuvor auf einer Pressekonferenz in Moskau ausgeführt hatte, er habe Gorbatschow seine Vorstellungen über Wege und Etappen der Vereinigung beider deutscher Staaten erläutert. Dieser Bemerkung maß man offenkundig keine sonderliche Bedeutung bei. »Dabei hätte* der Hinweis, dass diese Ideen im Kreml ›mit großer Aufmerksamkeit‹ aufgenommen wurden, eigentlich hellhörig machen müssen«, hieß es im ND gleichermaßen selbstkritisch wie süffisant. Gorbatschow hatte sich, wie wir heute wissen, bereits am 28. Januar in kleiner Runde für die deutsche Einheit entschieden. Insofern scheint Kohls Darstellung – und das ist ja seither die offizielle Lesart –, er habe bei seinem späteren Treffen mit Gorbatschow im Kaukasus »den Schlüssel für die deutsche Einheit« abgeholt, zumindest anfechtbar. Es war, wenn man zwischen den Zeilen zu lesen verstand, Hans Modrow.

Gysi: Kein Widerspruch. Aber wir sollten nicht ignorieren, dass es damals auch sehr viele Menschen in der DDR gab, die für eine andere DDR und nicht für den Beitritt oder Anschluss an die BRD waren. Ich erinnere an den Aufruf »Für unser Land! Bewahrt die Eigenständigkeit der DDR als Chance einer sozialistischen Alternative«, den namhafte Intellektuelle wie Stefan Heym[1], Christa Wolf[2], Christoph Hein[3] und andere Ende November 1989 auf den Weg gebracht hatten. Ich erinnere an die zahlreichen diesbezüglichen Kundgebungen und Willensbekundungen in jener Zeit …

Modrow: Auf der Kundgebung mit Kohl in Dresden am 19. Dezember wurden nicht nur weiß-grüne Sachsenfahnen geschwenkt, sondern auch sehr viele DDR-Flaggen, und es war nicht nur »Wir sind ein Volk!« zu hören, sondern auch »Wir bleiben hier!«

Gysi: Es war ein längerer Prozess, in welchem wir alle – mehr oder minder schmerzhaft – begriffen, dass die DDR nicht mehr zu halten war. Unter den Bedingungen der offenen Grenze und ohne Sowjetunion war kein eigener Staat zu machen, vor allem nicht, wenn die Mehrheit der Bevölkerung diesen nicht mehr wollte.

Wofür natürlich auch aus der Bundesrepublik alles unternommen wurde.

Gysi: Natürlich. Aber man konnte nur etwas verstärken, was bereits vorhanden war, nämlich die Ablehnung des Staates DDR durch große Teile der Bevölkerung. Ich wehre mich gegen die später aufgekommene These, hier seien über 16 Millionen Menschen von Kohl & Co. manipuliert und verführt worden. Dass viele ihm blindlings folgten, hatte die SED sich selbst zuzuschreiben. Sie hatte es nicht vermocht, eine andere, bessere DDR zu bauen. Punkt. Stell dir vor, es ist Sozialismus und keiner will weg, hatte Christa Wolf am 4. November auf dem Alexanderplatz gesagt und damit dieses Dilemma pointiert benannt.

Wann war der Lernprozess bei dir respektive in der Partei abgeschlossen?

Gysi: Ich denke, Ende Februar 1990, als wir nach zweiwöchiger Diskussion auf dem 1. Parteitag der PDS das Wahlprogramm beschlossen. Da war uns mehrheitlich bewusst, dass bei der Volkskammerwahl ein tatsächlicher Machtwechsel erfolgen würde, mit dem die Weichen auf Beendigung der deutschen Zweistaatlichkeit gestellt werden würden.

Auf diesem Wahlparteitag am 24./25. Februar war aber auch ein Parteiprogramm, ein Statut, ein Frauenaktionsprogramm und ein jugendpolitisches Aktionsprogramm angenommen worden. Du wurdest als Parteivorsitzender wiedergewählt, Hans wählten die Delegierten zum Ehrenvorsitzenden der PDS. Warum musstest du überhaupt gedrängt werden, für die Volkskammer zu kandidieren, Hans?

Modrow: Das war keineswegs Koketterie, als ich den Delegierten erklärte, mich nicht um ein Mandat bewerben zu wollen. Ich war der Überzeugung, dass neuen, jüngeren, unbelasteten Persönlichkeiten der Vorzug gegeben werden sollte.

Gysi: Das war doch der springende Punkt. Wir wollten nicht unsere Herkunft und Haltung verbergen, das wäre ohnehin nicht gegangen. Durch eine personelle Kontinuität sollte auch eine politische Linie deutlich gemacht werden. Nachdem der Parteivorstand am 4. Februar beschlossen hatte, »SED« aus dem Parteinamen zu tilgen, machten wir dies mit Anzeigen deutlich: »PDS, DIE NEUE, fachlich profiliert, demokratisch organisiert, sozial und ökologisch orientiert«. Wer, wenn nicht Persönlichkeiten wie Hans Modrow, war als Politiker derart »fachlich profiliert«? Als Ministerpräsident hatte er seit November sehr ordentlich gearbeitet, was ihm landesweit Achtung und Respekt eingetragen hatte. Auf einen solchen Mann konnten und wollten wir nicht verzichten.

Ich kann mich an die heftigen Debatten im Audimax der vormaligen Parteihochschule »Karl Marx«, nun-

mehr Haus am Köllnischen Park, ebenso erinnern wie an die Dekoration.

    Gysi: Was meinst du?

Links neben der Bühne verhüllten rote Stoffbahnen das überlebensgroße Lenin-Standbild aus weißem Marmor.

    Gysi: Ach so. Der war in der Kürze der Zeit dort nicht wegzubewegen, er passte durch keine Tür. Ich hatte mir sagen lassen, dass er bei der Errichtung des Hauses durch die offene Wand bugsiert worden war, man hatte faktisch das Haus um ihn herumgebaut.

Gysi im Großen Hörsaal der einstigen Parteihochschule – vor der Verhüllung des Standbildes

*Die Verhüllung erinnerte fatal an Hanna Wolf: Die
hatte seinerzeit im Foyer der Hochschule das Bild von
Willi Sitte, das ihr gegen den Strich ging, auch hinter
einer Stoffbahn versteckt.*[4]

Gysi: Nun wollen wir doch mal die Kirche im Dorf
lassen. Die Statue war ja wohl weniger ein Kunstwerk,
sondern primär ein politisches Demonstrationsobjekt.
Wir brauchten auf dem Parteitag keinen Säulenheili-
gen.

Modrow: Um auf die Wahlen zurückzukommen.
Seit Wochen schon tobte der Wahlkampf, und zwar
vornehmlich von außen hereingetragen. Obgleich die
DDR unverändert ein eigenständiger Staat mit Sitz
in der UNO und Mitglied des Warschauer Paktes
war, mischten sich Parteien und Institutionen der
Bundesrepublik massiv ein. Die Unterstützung erfolgte materiell und ideell, und wie es schien, kannten alle
Wahlkämpfer nur einen einzigen Gegner: die aus der
SED hervorgegangene PDS. Die *Allianz für Deutschland*, ein mit Bonner Hilfe geschmiedetes Bündnis
aus CDU, Deutscher Sozialer Union (DSU) und De-
mokratischem Aufbruch (DA) plakatierte »Freiheit
statt Sozialismus«, auf Flugblättern und in ihren Zei-
tungen hieß es: »Gysi und Genossen schüren die
Angst« und »Was wir nie mehr wollen: Überwachung
und Schlange-Stehen«, vor allem aber: »Helmut Kohl
gibt uns Hoffnung.«

Gysi: Inzwischen haben wir ja gelernt, dass in
Wahlkämpfen maßlos überzogen und mit Kanonen
auf Spatzen gefeuert wird. Doch damals war das für
uns alles neu und darum ungewohnt und schrecklich.
Hinzu kam noch, dass wir die einzige Partei waren,

Stefan Heym und Gregor Gysi im Wahlkampf 1994.
Der Schriftsteller holte ein Direktmandat für die PDS
und eröffnete als Alterspräsident den Bundestag

die keinen Partner in der Bundesrepublik besaß, der
uns hätte unterstützen können. Alle DDR-Parteien,
neue wie alte, hatten im Westen eine Schulter gefunden, an die sie sich lehnten, oder präziser formuliert:
Die Schulter hatte sie gefunden. Uns hingegen liefen
die eigenen Mitglieder in Scharen davon …

Modrow: Zu Hunderttausenden. Und dann hatten
wir auch noch beschlossen, über drei Milliarden Mark
aus dem Parteivermögen an den Staatshaushalt abzu-
führen, Firmen und Immobilien abzugeben – etwa
das Gebäude des Zentralkomitees an die Volkskammer. Wir zogen mit dem Vorstand ins Karl-Liebknecht-Haus.

Gysi: Das war politisch alles richtig und notwendig, dennoch wurden wir in den Medien und von den politischen Gegnern unverändert als angeblich reichste Partei Deutschlands denunziert.

Anmerkungen

1 Stefan Heym (1913-2001), als Helmut Flieg in einer jüdischen Kaufmannsfamilie in Chemnitz geboren, Flucht vor den Nazis 1933 in die Tschechoslowakei, 1935 in die USA. Von 1937 bis 1939 war er in New York Chefredakteur der deutschsprachigen Wochenzeitung *Deutsches Volksecho*, die der Kommunistischen Partei der USA nahestand. Als US-Staatsbürger kämpfte er in der US Army in Europa gegen Hitlerdeutschland. Heym verließ zeitgleich mit Charlie Chaplin, Bertolt Brecht und Thomas Mann, die als linke Intellektuelle und Künstler in der McCarthy-Ära verfolgt wurden, 1952 die USA. Er zog zunächst nach Prag, von wo er 1953 in die DDR übersiedelte. Der Schriftsteller sprach u. a. auch auf dem Alexanderplatz am 4. November 1989. 1994 holte er für die PDS das Direktmandat in Berlin-Mitte und eröffnete als Alterspräsident den Deutschen Bundestag. Im Oktober 1995 legte Heym sein Mandat aus Protest gegen eine geplante Verfassungsänderung im Zusammenhang mit der Erhöhung der Diäten für Bundestagsabgeordnete nieder. Im Jahre 1997 gehörte Heym zu den Unterzeichnern der »Erfurter Erklärung«, in der ein rot-grünes Bündnis unter Tolerierung der PDS nach der Bundestagswahl 1998 gefordert wurde.

2 Christa Wolf (1929-2011), geborene Ihlenfeld, von 1949 bis Juni 1989 Mitglied der SED, von 1963 bis 1967 Kandidat des ZK der SED. Sie arbeitete als wissenschaftliche Mitarbeiterin beim Deutschen Schriftstellerverband und als Lektorin verschiedener Verlage sowie als Redakteurin bei der Zeitschrift *Neue Deutsche Literatur*. Von 1955 bis 1977 war sie Mitglied im Vorstand des Schriftstellerverbands der DDR. Am 26. November 1989 trat sie im Aufruf »Für unser Land« für die DDR und gegen den »Ausverkauf unserer materiellen und moralischen Werte« ein. In den 90er Jahren ging sie in die USA.

3 Christoph Hein, Jahrgang 1944, deutscher Schriftsteller, Übersetzer und Essayist. In Berlin und Leipzig studierte er zwischen 1967 und 1971 Philosophie und Logik. Danach wurde er Dramaturg und Autor an der Volksbühne in Berlin. Seit 1979 arbeitet er als freier Schriftsteller.

4 Die Direktorin der Parteihochschule, Hanna Wolf, ließ das seit 1980 im Foyer der Bildungsstätte hängende Bild von Willi Sitte »Proletarier aller

Länder, vereinigt euch!« schamhaft mit grauem Stoff verhüllen, weil es zu viele allegorische und zumal unbekleidete Figuren zeigte. Ganz entfernen ging nicht, weil der Hallenser Maler und Verbandspräsident dem ZK der SED angehörte. »Als es aber dieses ZK nicht mehr gab, vollendete die PDS, was die SED nicht fertig gebracht hatte: Sie ließ das Bild vollständig verschwinden, nun sicher wegen anderer Gründe, aber mit der offiziellen Version, es störe die architektonische Neugestaltung des Foyers«, berichtete der Kunstwissenschafter Peter Michael am 17. Mai 2003 bei der Eröffnung der ersten repräsentativen Willi-Sitte-Ausstellung im Osten Deutschlands im Kultur- und Bildungsszentrum Burg Beeskow bei Frankfurt (Oder).

Druckfehler im Parteiprogramm: PDS als Jünger Ludwig Erhards

Zwischen Wahlparteitag und Volkskammerwahl beschloss am 1. März 1990 der Ministerrat unter deiner Leitung die Bildung einer »Anstalt zur treuhänderischen Verwaltung von Volkseigentum«. Zwar »auf Anregung des Runden Tisches«, wie es heißt, aber immerhin: Modrow steht an der Wiege auch dieser Institution, die maßgeblich zur Zerschlagung der Volkswirtschaft der DDR beitrug, zum Ausverkauf des Landes, wie es mancherorts heißt.

Modrow: Das ist nicht korrekt. Die Treuhandanstalt, so wie wir sie planten, sollte das Volkseigentum juristisch sichern helfen. Zugleich beschloss der Ministerrat eine Verordnung zur Umwandlung volkseigener Betriebe in Kapitalgesellschaften, damit sie sich auf die kommenden gesellschaftlichen, also kapitalistischen Verhältnisse einstellen konnten. Dass dann später, nach Herstellung der Einheit, die Treuhandanstalt ein Instrument zur privatkapitalistischen Aneignung von Volksvermögen wurde, war nicht beabsichtigt und so auch nicht geplant. Die Literatur über die hanebüchenen und mitunter kriminellen Vorgänge, die im Namen der Treuhandanstalt oder mit deren billigender Kenntnis erfolgten, füllt inzwischen ganze Bibliotheken. Diese Plünderung regt unverändert viele Menschen auf, was ich verstehe.

Erfolgreicher hingegen waren die Maßnahmen zur Sicherung von Grund und Boden, die später als Modrow-Gesetz bezeichnet wurden. In der DDR waren Immobilien kein Spekulationsobjekt, insofern besaßen Grundbücher nicht jenen hohen Stellenwert, den sie in der Bundesrepublik besaßen und noch immer besitzen. Viele DDR-Bürger hatten in den letzten vier Jahrzehnten Häuser errichtet, bei denen die Eigentumsfrage des Grundstücks, auf dem diese standen, nicht geklärt waren. Meist handelte es sich um Bodenreform-Land.

Es stand nun zu befürchten, dass daraus juristische Auseinandersetzungen erwuchsen, bei denen mit dem Grund und Boden auch das darauf stehende Haus, obgleich doch Eigentum der Bewohner, verloren gehen konnte. Um Rechtssicherheit herzustellen, räumten wir den Betroffenen die Möglichkeit ein, das Grundstück zu den in der DDR gültigen Preisen zu erwerben. Dieses Gesetz wurde zwar später wiederholt angefochten, sogenannte Alteigentümer klagten hoch bis zum Europäischen Gerichtshof für Menschenrechte in Strasbourg, aber 2004 sollte dort entschieden werden: Das Modrow-Gesetz ist rechtens – ein dem widersprechendes Gesetz der Bundesrepublik menschenrechtswidrig. Es musste zurückgenommen werden.

Ich entsinne mich der wütenden Kommentare nach diesem Urteil. Der Spiegel *5/2004 höhnte: »Die DDR hat einen späten Sieg über die Bundesrepublik davongetragen. Nach dem Urteil aus Straßburg erhob sich ein versunkenes Land aus seinen Trümmern. Der Sozialist Modrow war sich plötzlich einig mit dem Christdemokraten de Maizière – Symbol für eine versteckte Brü-*

derlichkeit unter Ostdeutschen. Wenn es gegen den Westen geht, hält man zusammen, ist man wieder Bürger der DDR.« Was hatte Lothar de Maizière[1] (CDU), als letzter DDR-Ministerpräsident Nachfolger Hans Modrows, sichtlich amüsiert gesagt, das solcherart Unmut im Westen erregte? Ausgerechnet die Bundesrepublik habe »nachträglich sozialistische Verhältnisse geschaffen, nur weil westdeutsche Juristen uns Ostdeutsche für unfähig hielten und von der DDR keine Ahnung hatten«.

Gysi: Seine Kritik war begründet, und das sage ich nicht, weil wir befreundet sind. Als ich im Dezember '89 zum SED-Vorsitzenden gewählt worden war, kam Lothar zum Gratulieren in die Dynamo-Sporthalle. Dort aber ließ man ihn nicht ein, weil er kurz zuvor im Kino »Kosmos« zum CDU-Vorsitzenden gewählt worden war. Wir waren und sind in vielen Fragen unterschiedlicher Meinung, aber nicht deshalb, weil wir verschiedene Parteibücher haben – sondern weil wir manches anders sehen, gehören wir verschiedenen Parteien an. Doch im Unterschied zu vielen parteipolitisch gebundenen Westdeutschen sind bei uns beiden wie bei vielen anderen Ostdeutschen Glaubensfragen nicht das Primäre, das alle Beziehungen überlagert und bestimmt.

»Der Sozialist Modrow war sich plötzlich einig mit dem Christdemokraten de Maizière – Symbol für eine versteckte Brüderlichkeit unter Ostdeutschen. Wenn es gegen den Westen geht, hält man zusammen, ist man wieder Bürger der DDR«, hieß es in dem zitierten Spiegel-*Beitrag.*

Modrow: Die verstehen uns einfach nicht. Das ist keine »versteckte Brüderlichkeit«, sondern die souveräne Fähigkeit, Vernünftiges vernünftig zu nennen, auch wenn es nicht in den eigenen politischen Streifen passt.

Gysi: Das Problem, das hier offenbar wurde – und da verweise ich gern auch auf Lothar de Maizière – bestand in Folgendem: 1992 erließ die Regierung Kohl ein Gesetz, mit dem das Modrow-Gesetz für null und nichtig erklärt wurde …

Modrow: Das aber noch im Einigungsvertrag von 1990 bestätigt worden war.

Gysi: Eben. Darum sagte damals Lothar, und darin pflichtete ich ihm gern bei: Erstens sah der Bund hier eine Chance, zu Geld zu kommen. Durch das Bundesgesetz seien rund 100.000 Hektar zu Staatseigentum erklärt worden – eine schöne Einnahmequelle für den Fiskus. Zweitens hätten alle Gesetze der Regierung Modrow unter dem Verdacht gestanden, es seien Seilschaften der SED bedient worden. Und drittens schließlich war das bundesdeutsche Gesetz von '92 ein Erfolg jener Lobby von Alteigentümern und der FDP, die eine komplette Revision der Bodenreform wollten.

Hier spielt der Grundsatz »Rückgabe vor Entschädigung« mit hinein, der wohl größte Makel des Einigungsvertrages. Fast alle Enteignungen auf dem Gebiet der DDR wurden durch ihn zur Disposition gestellt. Bis auf das Bodenreformland eben, das geschah erst im Nachgang 1992. Aber ich will noch einmal auf die Volkskammerwahl vom 18. März 1990 zurückkommen.

Modrow: Können wir, aber ich will noch ein wenig weiter zurück. Ich übernahm im November die Regierungsverantwortung mit der Maßgabe, die DDR zu erneuern, nicht abzuschaffen. Dabei begannen uns bereits international alle Felle davonzuschwimmen.

Und ich gehörte seit Dezember der neuen Parteiführung als Vize an, obgleich wir soeben die führende Rolle der Partei aus der Verfassung gestrichen hatten. Also konnte ich nicht mehr an den Sitzungen der Leitungsgremien der Partei teilnehmen, um nicht den Eindruck entstehen zu lassen, ich würde als Ministerpräsident die Führungsrolle der Partei quasi indirekt durchsetzen. Schon gar nicht, als wir Ende Januar die Regierung der nationalen Verantwortung bildeten. Das war ein ziemlicher Balanceakt. Nicht nur national, sondern auch auf der internationalen Bühne.

In jener ersten Dezemberwoche, als das Zentralkomitee und das Politbüro geschlossen zurücktraten und auch der Staatsratsvorsitzende demissionierte, tagte in Moskau der Politisch Beratende Ausschuss. Als höchster amtierender Repräsentant der DDR musste ich dorthin. Zur Überraschung aller kam auch Egon Krenz mit. Im Unterschied zu mir kannte er jedoch im Kreml die dort erschienenen Politiker des Ostblocks. Als Kandidat und Mitglied des Politbüros hatte er Honecker in den 80er Jahren zu allen wichtigen Gipfeltreffen des Warschauer Vertrages begleitet. Ihm waren die Spielregeln und das Personal dort vertraut, mir nicht. Ich weiß nicht, wie er dieses Treffen empfand, aber mir wurde bewusst, dass Gorbatschow nicht mehr in der Lage war, das Bündnis zusammenzuhalten.

Aber es funktionierte auch in den einzelnen Delegationen nichts mehr. Die polnische Delegation beispielsweise bestand aus dem Staatspräsidenten, General Jaruzelski, dem Vorsitzenden der PVAP Rakowski und dem bürgerlichen Ministerpräsidenten Mazowiecki. Da wollte jeder in eine andere Richtung.

Anfang Januar folgte dann die RGW-Tagung in Sofia, wo deutlich wurde, dass die Sowjets nur noch an sich selbst dachten, alle anderen – die DDR eingeschlossen – sollten sich um sich selbst kümmern.

Und intern, ich weiß nicht, wie du, Gregor, das siehst, kippte es doch auch. Am Runden Tisch saß die Partei, nicht ich. In späteren Darstellungen wird der Eindruck vermittelt, als habe der Runde Tisch das Land regiert. Das hat er nicht. Den Runden Tisch, das will ich deutlich sagen, hat die Regierung der DDR bezahlt, damit er überhaupt arbeiten konnte. Aber als die Stimmung draußen kippte, aus dem »Wir sind das Volk!« die Losung »Wir sind ein Volk!« wurde, veränderte sich auch die Stimmung am Runden Tisch. Da stellte sich für mich als Ministerpräsident die Frage: Wie verhalte ich mich? Und sie stellte sich mir auch als Partei-Vize: Wie verhält sich meine Partei dazu?

Diese ganzen Prozesse müssen in eine wahrhafte Geschichtsdarstellung einfließen. Man kann das nicht darauf reduzieren: In Leipzig haben sie den Honecker wegdemonstriert, am 9. November 1989 wurde aufgrund eines Versprechers die Mauer geöffnet, die DDR-Bürger wählten am 18. März 1990 die D-Mark und am 3. Oktober brach dank der deutschen Einheit auch im Osten das Paradies aus.

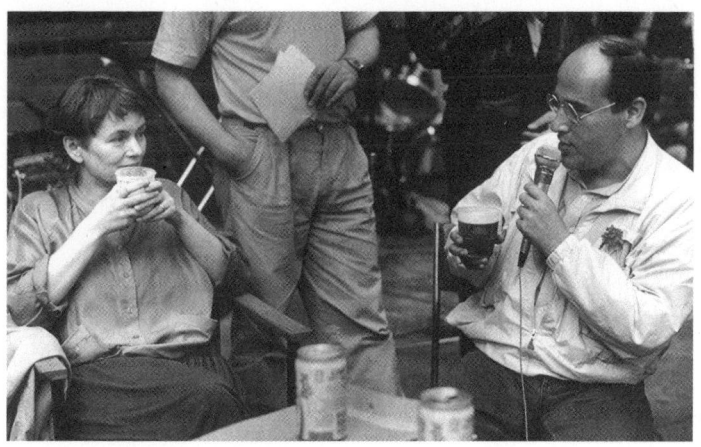

Bärbel Bohley und Gysi auf ein Bier, 1. Mai 1990

*Das bewegt sich inzwischen alles auf der staatspoliti-
schen Ebene. Ich will noch einmal auf die Partei zu
sprechen kommen.*

Gysi: Ich hatte als Vorsitzender den klaren Auftrag
vom Parteitag bekommen, die Partei von Grund auf
zu erneuern, ihr eine demokratisch-sozialistische
Struktur zu geben. Dann gab es die Diskussion über
die Zukunft der DDR, und der Mehrheit war bewusst, dass es lediglich noch darum gehen konnte,
wie der Übergang zu organisieren sei. Für uns kam
nur der Weg über den Artikel 146 des Grundgesetzes
infrage, kein Beitritt gemäß Artikel 23[2]. Es sollte ein
neuer deutscher Staat gebildet werden, der die Rechts-
nachfolge für die beiden untergehenden deutschen
Staaten antreten würde. Deshalb hatte der Runde
Tisch ja auch den Auftrag erteilt, eine neue gesamtdeutsche Verfassung zu erarbeiten und diesen Entwurf dann auch öffentlich diskutieren zu lassen, was,
wir wissen es, so alles nicht kam.

Der Weg über den Artikel 146 hätte eine ganz andere politische, juristische und auch psychologische Situation geschaffen als jene, mit der wir es heute zu tun haben und woran die ganze Vereinigung so krankt.

Das war dann schon später. Ich will noch einmal beim Februar/März 1990 verweilen.

Gysi: Naja, als ich Anfang Februar nach Moskau flog, war mir doch bewusst, dass dort alles schon durch war. Ende Januar waren im kleine Kreis dort die Würfel gefallen, und wie wir später erfuhren, hatte die sowjetische Führung ernsthaft erwogen, die Einladungen an Hans für den 30. Januar und an mich am 2. Februar rückgängig zu machen. Doch dann zog es Gorbatschow vor, uns gegenüber so zu tun, als stünde man fest an unserer Seite.

Sodann mussten wir in einem höllischen Tempo ein Statut und ein Programm erarbeiten, denn die Volkskammer hatte beschlossen, dass nur dann eine Partei eine Partei sei und sich an Wahlen beteiligen könne, wenn sie denn alle diese Dokumente demokratisch beschlossen habe und öffentlich vorweisen könne. Da konnten wir ja nicht das SED-Programm einreichen. Also dass wir das alles in einer knappen Woche hinbekommen haben, finde ich auch heute nicht so schlecht. Übrigens mit einem interessanten Druckfehler.

Welchem?

Gysi: Der stand im *ND*, was zu einem echten Problem führte. Unter der Programm-Zeile »Welche

Wirtschaft wir wollen« hatten wir geschrieben, dass wir eine »sozialistische Marktwirtschaft« einführen wollten. Das ging im Wesentlichen auf Dieter Klein zurück. Offenkundig konnten sich auch die Redakteure darunter nichts vorstellen, und so machten sie daraus eine »soziale Markwirtschaft«. Uns fiel das beim Korrekturlesen nicht auf, und so beschlossen die Delegierten des Wahlparteitages, dass die PDS für eine »soziale Marktwirtschaft« streiten werde.

Ludwig Erhard lässt grüßen …

Gysi: Richtig. Das wurde mir später auch vorgeworfen. Aber eigentlich wollten wir nur den Begriff »sozialistische Marktwirtschaft« etablieren, ohne genau zu wissen, was darunter zu verstehen war. Das aber nur am Rande. Die eigentliche Schwierigkeit des Wahlparteitages bestand darin, dass Hans nach seinem Ausscheiden aus dem Amt des Ministerpräsidenten ganz aufhören wollte und ich ihn überzeugen musste, doch für die Volkskammer zu kandidieren.

Wie ist es denn gelungen?

Gysi: Mit Hilfe des sowjetischen Botschafters Kotschemassow[3]. Vereint haben wir Hans davon überzeugt, seine geplante Rede auf dem Parteitag nicht zu halten, in der er ausführlich begründete, nicht wieder anzutreten. Er hat diese Rede dann doch gehalten – nur mit einer einzigen Änderung. Der Schlusssatz lautete nun: Ich kandidiere. Die ganze Rede war so aufgebaut, dass das Ende eigentlich nur lauten konnte: Und deshalb trete ich nicht mehr an, liebe Genossinnen und Genossen. Insofern stellte er damit alles auf den Kopf. Auch den Parteitag. Als er seine Bereitschaft erklärt hatte zu kandidieren, tobte der ganze Saal.

Modrow: Ich will in diesem Zusammenhang noch einmal auf die Beratung am 28. Januar zurückkommen, auf der wir uns die Frage stellten, wie es weitergehen soll. Die SPD hatte vorgezogene Wahlen gefordert. Die hatten offensichtlich ein Signal aus der Baracke in Bonn bekommen: Die Stimmung im Lande ist gut für uns, darum Volkskammerwahlen so früh wie möglich. Wir wussten nicht, was Lothar de Maizière bereits mit Wolfgang Schäuble[4] besprochen hatte, welche Strategie Manfred Gerlach[5] mit dem Grafen Lambsdorff[6] verfolgte, das liegt bis heute im Nebel der Vergangenheit. Aber eins ist sicher: Vieles war bereits geklärt.

So haben dann die beiden Juristen Gysi und de Maizière ausgerechnet und verabredet: 18. März. Das war der frühestmögliche Termin, bis zu dem alle notwendigen parlamentarischen Schritte erledigt sein konnten. Der 6. Mai, der ursprünglich geplant war, schien allen zu spät.

Hier ist ein unehrliches Spiel gelaufen – gegenüber dem Runden Tisch wie auch zwischen den Parteien.

Inwiefern?

Modrow: Wir haben doch das demokratischste Wahlgesetz nur deshalb in der Volkskammer beschlossen, weil sich abzeichnete, dass die »Allianz für Deutschland« alles unterpflügen würde, deshalb mussten wir dafür sorgen, dass alle demokratischen Parteien und Organisationen annähernd gleiche Chancen hatten.

Ministerpräsident Modrow in Stavenhagen

Gysi: Ich habe das anders in Erinnerung. Wahr ist, dass sie alle Westbeziehungen aufbauten. Kirchner[7], der CDU-Generalsekretär, reiste durchs Land und hielt aberwitzige Vorträge, die Staatsanwaltschaft drehte durch und meinte, wenn sie Honecker, Vogel[8] und andere einsperrten, würden die Probleme gelöst werden …

Ich hatte eine andere Sorge als Hans: Ich fürchtete, dass wir die Partei nicht reformiert bekämen, solange wir regierten. Es ging einfach nicht, wenn die Partei den Ministerpräsidenten und etliche Minister stellte, die Verantwortung für den krisengeschüttelten Staat trugen. Als sich die Dinge immer weiter zuspitzten, hatte ich ein Gespräch mit Hans, in welchem ich ihn fragte: Wann, glaubst du, hast du die Dinge soweit im Griff, dass wir die Regierung verlassen können? Und da haben wir uns darauf verständigt, die Wahlen vorzuziehen. Dann haben wir alle anderen Parteien eingeladen, und ich leistete zunächst aus taktischen Gründen ein wenig Widerstand. Ich muss zugeben, dass es ein bisschen gespielt war.

Warum?

Gysi: Wenn sie gewusst hätten, der Vorschlag kommt von Hans und mir, wären sie dagegen gewesen. Aber letztlich waren alle fürs Vorziehen des Wahltermins. Natürlich aus unterschiedlichen Gründen. Die SPD aus jenem, den Hans bereits nannte. Wobei es durchaus sein kann, dass der konkrete Termin von Lothar de Maizière und mir bestimmt worden ist, ich will es nicht ausschließen.

Modrow: Nein, am 28. Januar haben wir nicht darüber gesprochen, wann wir aus der Regierung

Parole an einer Häuserwand in der Tucholsky-Straße in Berlin-Mitte, 1990

gehen könnten. Es konnte doch nicht darum gehen, dass wir irgendeiner anderen Regierung Platz machten, nur um die Partei zu reformieren? An jenem Abend sprachen wir mit den drei Kirchenleuten[9], die den Runden Tisch leiteten, und den anderen Vertretern dieses Gremiums, um die Möglichkeiten auszuloten, ob diese bereit waren, in meine Regierung einzutreten. Es ging nicht um die Aufgabe unserer Regierungsverantwortung zu einem bestimmten Zeitpunkt, sondern um Verteilung der Verantwortung auf viele Schultern.

Man kann dies auch anders sehen. Kritiker macht man bekanntlich am wirksamsten mundtot, indem man ihnen ein Amt gibt, das sie einbindet.

Modrow: Das war nicht mein Ansinnen. Mir ging es primär um die Stabilität des Landes.

Gysi: War das wirklich der gleiche Abend, an dem wir die Wahlen vorgezogen haben?

Modrow: Ja, das haben wir alles an jenem 28. Januar besprochen … Aber du hast natürlich Recht: Indem ich alle ins Boot holte, wurde auch klar: Wer vor der Wahl die Regierung verlässt, ist für deren Scheitern und damit für die Beschleunigung der gesellschaftlichen Krise verantwortlich, der braucht mit diesem Makel zu den Volkskammerwahlen gar nicht erst anzutreten. Das hat auch funktioniert. Diese Regierung der nationalen Verantwortung hat bis zum 18. März verlässlich gearbeitet und die Geschäfte an die nachfolgende de-Maizière-Regierung ordentlich übergeben. Dieser Wechsel vollzog sich am 12. April. Was ja auch für die Qualität dieser Regierung spricht: Am 18. März war gewählt worden, am 5. April konstituierte sich die Volkskammer. Wir waren also fast vier Wochen noch im Amt.

Anmerkungen

1 Lothar de Maizière, Jahrgang 1940, nach krankheitsbedingter Beendigung der Musikerlaufbahn Jura-Studium und Rechtsanwalt in Berlin. Mitglied der CDU seit 1956, im November 1989 Parteivorsitzender, von April bis Oktober 1990 (letzter) Ministerpräsident der DDR, danach bis zu seinem Rücktritt am 19. Dezember 1990 im Kabinett Kohl Bundesminister für besondere Aufgaben und bis 6. September 1991 Erster stellvertretender Vorsitzender der gesamtdeutschen CDU. Er arbeitet seit 1996 in seiner Anwaltskanzlei in Berlin, mit Spezialisierung auf Fragen zur Wiedervereinigung. Darüber hinaus ist Lothar de Maizière Vorsitzender des Lenkungsauschusses des Petersburger Dialogs.

2 Der Artikel 23 des Grundgesetzes in seiner Fassung von 1949 lautete: »Dieses Grundgesetz gilt zunächst im Gebiete der Länder Baden, Bayern, Bremen, Groß-Berlin, Hamburg, Hessen, Niedersachsen, Nordrhein-Westfalen, Rheinland-Pfalz, Schleswig-Holstein, Württemberg-Baden und Württemberg-Hohenzollern. In anderen Teilen Deutschlands ist es nach deren Beitritt in Kraft zu setzen.« Artikel 146 hingegen forderte: »Dieses Grundgesetz verliert seine Gültigkeit an dem Tage, an dem eine Verfassung in Kraft tritt, die von dem deutschen Volke in freier Entscheidung beschlossen worden ist.«

3 Wjatscheslaw I. Kotschemassow (1918-1998) war von 1983 bis 1990 Botschafter der UdSSR in der DDR, zuvor, seit 1966, stellvertretender Vorsitzender des Ministerrates der Russischen Sozialistischen Föderativen Sowjetrepublik. Von 1966 bis 1983 war er Kandidat und von 1983 bis 1990 Vollmitglied des Zentralkomitees der KPdSU. Er wurde nach Intervention Honeckers von Staats- und Parteichef Juri Andropow als Nachfolger von Pjotr Abrassimow zum Botschafter der Sowjetunion in der DDR berufen.

4 Wolfgang Schäuble, Jahrgang 1942, war seit 1984 im Kabinett Kohl Bundesminister für besondere Aufgaben und Chef des Bundeskanzleramtes, in dieser Funktion war er für die Vorbereitung des Honecker-Besuches 1987 verantwortlich. Im April 1989 wurde er Innenminister und 1990 Verhandlungsführer für den Einigungsvertrag mit der DDR.

5 Manfred Gerlach (1928-2011), von 1967 bis 1990 Vorsitzender der Liberal-Demokratischen Partei Deutschlands (LDPD), von 1960 bis

1989 stellvertretender Staatsratsvorsitzender und von Dezember 1989 bis März 1990 letzter (amtierender) Staatsratsvorsitzender der DDR. 1990 wurde er Mitglied des Bundes Freier Demokraten, danach der FDP. Nach der Einleitung eines Parteiausschlussverfahrens 1992 wegen des Vorwurfes, Leipziger LDPD-Mitglieder bei den sowjetischen Militärbehörden denunziert zu haben, trat Gerlach am 23. November 1993 aus der FDP aus.

6 Otto Graf Lambsdorff (1926-2009), von 1977 bis 1982 in der sozialliberalen und von 1982 bis 1984 in der schwarzgelben Koalition Bundesminister für Wirtschaft sowie von 1988 bis 1993 Bundesvorsitzender der FDP. Er sorgte im August 1990 für den Zusammenschluss der FDP mit der LDPD und anderen liberalen Gruppierungen in der DDR. Am 16. Februar 1987 war Otto Graf Lambsdorff gemeinsam mit dem Flick-Manager Eberhard von Brauchitsch sowie dem vormaligen Bundeswirtschaftsminister Hans Friderichs wegen Steuerhinterziehung rechtskräftig verurteilt worden. Die Strafe in Höhe von 180.000 DM zahlte er selbst, die Anwaltskosten in Höhe von 515.000 DM übernahm das von ihm geführte Bundeswirtschaftsministerium.

7 Martin Kirchner, Jahrgang 1949, Kirchenjurist der Evangelisch-lutherischen Kirche in Thüringen, Mitglied der CDU seit 1967 und seit 1973 Mitarbeiter des Parteivorstandes. Auf dem Sonderparteitag der CDU im Dezember 1989 wurde er zum Generalsekretär der Partei gewählt und am 2. August 1990 seines Amtes enthoben. Er trat sodann aus der CDU aus, nachdem publik geworden war, dass er für das MfS gearbeitet hatte.

8 Wolfgang Vogel (1925-2008), Rechtsanwalt und Unterhändler der DDR. 1962 organisierte er den ersten Agentenaustausch im Kalten Krieg auf der Glienicker Brücke in Potsdam: der über der Sowjetunion abgeschossene US-Spionagepilot Francis Gary Powers gegen den enttarnten KGB-Oberst Rudolf Abel. Bis 1989 war er an der Freilassung von 150 Agenten aus 23 Ländern beteiligt. Daneben spielte Vogel auch eine zentrale Rolle beim sogenannten Häftlingsfreikauf. Vogel, offiziell Beauftragter Honeckers für humanitäre Fragen, arbeitete eng mit den Bundesregierungen unter Willy Brandt, Helmut Schmidt und Helmut Kohl zusammen, ebenso mit den beiden großen christlichen Kirchen in der Bundesrepublik sowie mit dem SPD-Fraktionsvorsitzenden Herbert Wehner; Vogel ermöglichte die Ausreise von 215.019 DDR-Bürgern.

9 Gemeint sind die Moderatoren des Zentralen Runden Tisches: der Direktor des Diakonischen Werkes der Evangelischen Kirche in Berlin-Brandenburg Martin Ziegler, der katholische Pfarrer Karl-Heinz Ducke und der Pastor der Evangelisch-methodistischen Kirche, zu jener Zeit Sekretär der Arbeitsgemeinschaft Christlicher Kirchen in der DDR, Martin Lange.

Ärger mit den Honeckers

Ich möchte die Sache mal von der hohen politischen auf die persönliche Ebene bringen. Hans Modrow war zu jenem Zeitpunkt bereits vier Jahrzehnte in der Politik, er hatte in Land- und Bezirkstagen sowie in der Volkskammer parlamentarisch gearbeitet, er war ein Profi. Gregor Gysi war nicht nur zwanzig Jahre jünger, sondern zeitlebens Rechtsanwalt – sieht man mal von der Lehre als Rinderzüchter ab. Mit einem Wort: in der Politik ein heuriger Hase, ein Seiteneinsteiger. Und wenn man dich, Gregor, genauer beobachtete, hast du zumindest in den ersten Jahren meist wie ein Verteidiger agiert: Deine Klienten hießen mal PDS, mal DDR.

Gysi: Micha Schumann sagte mir mal: Du handelst nicht wie ein Vorsitzender der Partei, sondern wie ihr Anwalt … Ein bisschen war da was dran.

Wann würdest du den Punkt sehen, ab dem du stärker politisch agiert hast? Schon in den 90er Jahren, oder kam das erst viel später? Und zweitens: Nicht nur wegen des Altersunterschieds war Hans so eine Art politische Vaterfigur. Wann setzte bei dir der Abnabelungsprozess ein?

Gysi: Politisch habe ich von Anfang an agiert, nur nicht professionell. Das ist etwas anderes. Ich habe anfänglich laienhaft agiert, bis ich dann nach und nach das Handwerk erlernte. Wobei ich zugestehe, dass das politische Handwerk in der untergehenden DDR letztlich anders war als in der Bundesrepublik

Deutschland, was Hans ganz gewiss bestätigen wird. Als ich im Bundestag saß, habe ich möglicherweise schneller gelernt als andere.

Aber ich habe als Erstes den Rat der Alten gegründet, den Hans schon erwähnt hat. Das war mir wichtig: Sie sollten uns mit ihren Erfahrungen beraten, aber nicht mehr das Bild der Partei prägen. Sie haben uns sehr geholfen bei den ersten Schritten.

Modrow: Die Mischung des Rates hat es gemacht. Da waren Genossen, die in der Sowjetunion im Exil oder im Lager waren, Menschen wie Janka, die in der DDR inhaftiert oder wie Schirdewan vom Politbüro ins Staatsarchiv abgeschoben worden waren. Eine ganz wichtige Rolle spielte Mischa Wolf. Das heißt, der Ältestenrat war sowohl eine Art Rehabilitation für bestimmte Genossen, denen von der Partei Unrecht geschehen war …

Gysi: Das stimmt.

Modrow: … als auch ein innovatives, kritisches Zentrum. Zumindest habe ich es später so wahrgenommen, möglicherweise stärker als Gregor, weil ich ja zu ihrer Generation gehörte. Diese Persönlichkeiten verkörperten, im Guten wie im Bösen, die Geschichte und die Vorgeschichte der SED. Dadurch ging dieser Traditionsstrang in die PDS ein.

Gysi: Das Spannende an diesem Gremium waren die unterschiedlichen Schicksale, und dass diese Genossen trotz gegenteiliger und unangenehmer Erfahrungen miteinander klarkamen. Sie waren auch nicht unglücklich darüber, dass sie wieder zusammen saßen. – Aber als Vaterfiguren würde ich sie nicht bezeichnen. Dazu, glaube ich, war ich zu selbstbewusst.

Modrow: Der Unterschied zwischen Gregor und mir in der Wahrnehmung war wohl auch unseren verschiedenen Berufsfeldern und dem eigenen Lebensalter geschuldet. Karl Schirdewan hatte ich persönlich noch als Politbüromitglied erlebt, Gregor kannte ihn allenfalls aus Geschichtsbüchern und Erzählungen Dritter ... Karl und ich hatten auch Kontakt, als er mit Bannfluch belegt war und im Archiv arbeiten musste, und auch Kuczynski kam nach Dresden, um sich mit mir zu beraten. Denn jenseits von allem Hader und Händeln bewegte die Alten eine weitaus größere Sorge: Was wird aus diesem Land, was aus der Partei? Haben sie eine Zukunft? Was wird aus der sozialistischen Idee?

Wann wurde dir bewusst, dass das Land und damit das System nicht mehr zu reformieren sind?
Gysi: In dem Moment, als die Menschen die DDR in Scharen verließen. Und schließlich: als das ganze Lager zusammenbrach. Wie sollte da ein Teil Deutschlands allein überleben? Zugegeben, hinterher war alles klarer. Später, nach weiterem Nachdenken, meinte ich, die Ursache für das Scheitern im XX. Parteitag der KPdSU zu erkennen. Der Fehler bestand darin, dass Chruschtschow die Symptome des Stalinismus benannte, aber seine Strukturen kaum veränderte. Wenn er damals den Mut oder die Kraft gehabt hätte, die Strukturen zu verändern, hätte es vielleicht noch eine Chance gegeben.

Chruschtschow soll es als großes Wunder bezeichnet haben, dass er bei seiner Ablösung 1964 nicht erschossen worden ist. Das sagt doch alles.

Es gibt viele Probleme in einer Diktatur. Ich lasse jetzt mal Demokratie-, Freiheits- und Menschenrechtsfragen unberücksichtigt. Eine Sache steht darüber hinaus fest: Eine Diktatur ist zu Beginn ungeheuer kreativ. Da kommen neue, unverbrauchte Leute an die Macht, die haben neue Ideen, welche sich rascher umsetzen lassen als bei langen demokratischen Entscheidungsprozessen. Dieser Aufbruch kann auch Zustimmung bei der Bevölkerung finden. Aber da es nie einen demokratischen Wechsel gibt, entsteht eine Stagnationsphase. Das kann man deutlich bei Breshnew sehen. Und auch bei Honecker. Was ich noch immer nicht verstehe: Warum Honecker annahm, sich erfolgreich gegen Moskau stellen zu können? Die sowjetische Parteiführung unter Gorbatschow beschließt, eine andere Politik zu machen, und unsere Führung sagt: Da machen wir nicht mit. Ja, was dachten sie denn, wer sie sind?

Ich habe damals oft sinniert, manche Nacht schlaflos gelegen und gegrübelt, was da abgegangen war, und bin zu keiner überzeugenden Antwort gekommen. Hinterher waren wir dann alle klüger. Aber damals – und darauf zielte deine Frage – hörte ich jeden Tag andere Meinungen, nahm unterschiedliche, oft gegenteilige Informationen auf. Da war ich in einer vielleicht schlechteren Situation als Hans: Der hatte einen anderen Erfahrungshintergrund, er konnte anders filtern und kam möglicherweise zu anderen Schlüssen als ich.

Modrow: Nun ja, da widerspreche ich nicht. Ich glaube allerdings nicht, dass alles mit Vokabeln wie Diktatur und Demokratie, Stagnation und Gefolgschaftsverweigerung hinlänglich erklärt werden kann. So wahnsinnig kreativ finde ich Demokratie, wie sie sich derzeit in Westeuropa darstellt, nämlich auch nicht. Auch hier findet sichtbar Stagnation statt. Kreativität beobachte ich allenfalls beim Management der europäischen Finanzkrise.

Aber bleiben wir mal bei Nikita Sergejewitsch Chruschtschow und dem XX. Parteitag. Ich stimme Gregor insoweit zu, als die Kritik Chruschtschows nicht sehr tief ging. Sie beschränkte sich auf den Personenkult und die Benennung der unter Stalin begangenen Verbrechen, an denen das ganze Politbüro – er selbst eingeschlossen – beteiligt gewesen ist. Das lief nach der Methode: Ich wasch den Pelz, aber mach diesen nicht nass. Gorbatschow nun trat mit der erklärten Absicht an, das Problem bei der Wurzel zu packen. Und er legte, ohne sich dessen bewusst zu sein, die Axt an. Oder um seine Worte zu benutzen: Die von ihm angekündigte Umgestaltung wurde zu einem planlosen Abriss, den er nach dem Scheitern der Perestroika und dem Untergang der Sowjetunion als ursprüngliche Absicht deklarierte: Er sei angetreten, den Sozialismus abzuschaffen. Aber, lieber Gregor, da irrst du: Die SED verweigerte sich keineswegs, sie machte in den 60er Jahren den ganzen Quatsch auch mit, der aus Moskau kam. Wir lösten die Sekretariate auf und bildeten Büros für Landwirtschaft, für Ideologie, für Wirtschaft …

Gysi: Ich meinte doch die Verweigerung in den 80er Jahren.

Modrow: Ich muss soweit ausholen, um den historischen Kontext sichtbar zu machen, warum die

Gysi und Modrow im Streitgespräch, 2012

Honecker-Führung auf Distanz zu Moskau ging. Das kann man nicht mit Ignoranz oder Arroganz und politischer Blindheit abtun – auch wenn, das stelle ich keineswegs in Abrede, diese Führung ihren Aufgaben nicht gewachsen und Honecker subjektiv überfordert war. Ich will hier überhaupt nichts entschuldigen, sondern lediglich erklären …

Ulbricht begriff, dass dieses sowjetische Modell, dem alle verbündeten Regimes bei Strafe ihres Untergangs zu folgen hatten, auf Dauer nicht funktionieren kann. Die SED entwickelte daraufhin ein realistisches Reformkonzept, das Neue Ökonomische System der Planung und Leitung, das 1963 auf dem VI. Parteitag beschlossen wurde. Auch mit meiner Stimme. Das war nicht unbedingt das, was Chruschtschow unter Reform verstand – aber er duldete es. Ich war zu jener Zeit 1. Sekretär in der SED-Kreisleitung Berlin-Köpenick, da gingst du noch zur Schule.

Gysi: Das sehe ich nicht anders. Das Neue Ökonomische System war eine gute Idee, die Breshnew mit Hilfe Honeckers totgemacht hat.

Modrow: Dazu komme ich noch … Ich erlebte also die mobilisierende Wirkung dieses Reformprozesses in der Partei, in der Wirtschaft, im gesellschaftlichen Leben. Mit Verlaub: Ulbricht ist kein neuer, junger Mann, der ist 1963 bereits 70 Jahre alt. Das heißt aber, es existierte in dieser Partei und in dieser DDR-Gesellschaft ein kreatives Potential zur positiven Veränderung. Das wurde jedoch, du sagtest es bereits, mit Moskaus Hilfe kaputtgemacht. Der Reformprozess endete schon vor dem Sturz Ulbrichts. Die Führungsmacht versank selbst in Stagnation. Erst nach Breshnew, Andropow und Tschernenko trat mit Gorbatschow 1985 ein vergleichsweise junger, dynamischer Mann an, der diese Krise – in die nicht zuletzt die forcierte Hochrüstung das Land gestürzt hatte: Vergessen wir nicht, US-Präsident Reagan war 1980 mit der erklärten Absicht angetreten, das »Reich des Bösen« totzurüsten – überwinden wollte. Mit Rüstungsabkommen und Abrüstungsschritten, die zunächst den Haushalt entlasten sollten.

Und er trat damit auf die Weltbühne, als Honecker dort seit Jahren bereits erfolgreich unterwegs war. Als nämlich Moskau wegen der NATO-Nachrüstung alle Abrüstungsgespräche beendete und SS-20 in der DDR und in der Tschechoslowakei aufstellte, als die Sowjetarmee in Afghanistan einmarschierte und der Westen daraufhin die Olympischen Spiele in Moskau boykottierte, als also eine neue Eiszeit anbrach und der Weltfrieden wie seit Jahrzehnten nicht bedroht war, da zimmerte Honecker gegen den Willen Moskaus eine systemübergreifende »Koalition der Vernunft« und spielte mit seinem politischen Schicksal. Wiederholt untersagte ihm Moskau, nach Bonn zu fahren, und im Sommer 1984 wurden er und weitere Politbüromitglieder von Tschernenko zur Gardinenpredigt einbestellt.

Scharfmacher in dieser Runde war der ZK-Sekretär Gorbatschow, der Honecker vorwarf, mit den Revanchisten in der Bundesrepublik zu paktieren und dergleichen Unsinn mehr. Das hat Honecker Gorbatschow nie vergessen. Also ich warne vor einem doppelten Irrtum: Erstens dass sich Honecker und die SED-Führung selbstherrlich sowjetischen Reformvorstellungen widersetzt hätten, und zweitens, dass es der Partei und der DDR anders ergangen wäre, wenn Berlin »Hurra!« gerufen und alles mitgemacht hätte. Dass hier viele Blödheiten begangen wurden, steht außer Frage, ich will da nichts schönreden, aber so simpel war es denn doch nicht.

Gysi: Da gehe ich zum Teil mit. Honecker hat in der Phase absoluter Handlungsunfähigkeit in Moskau vernünftiger gehandelt. Als aber Moskau mit Gorbatschow wieder handlungsfähig wurde und das Heft übernahm, gefiel das Honecker gar nicht.

Modrow: Im Januar 1989 schrieb ich an Honecker, dass die Wirtschaft bei uns im Bezirk stottere, und nannte die Gründe, wie ich sie sah. Daraufhin wurde ich ins Politbüro nach Berlin beordert und scharf kritisiert. Zum einen würde ich die kluge Politik der SED-Führung nicht ausreichend und überzeugend im Bezirk erläutern und umsetzen. Zum anderen unterläge ich einem Trugschluss, wenn ich Reformen nach sowjetischen Vorbild einforderte. Wenn, so Honecker zu mir, die Sowjetunion das Lebensniveau der DDR erreicht habe, könnten wir über solches nachdenken. Bis dahin haben wir Reformen nicht nötig. Ich gebe selbstkritisch zu, dass ich die Fortschritte im Leningrader Gebiet, dem Partnerbezirk Dresdens, damals ein wenig blauäugig sah.

Gysi: Was willst du mir damit sagen?

Modrow: Dass wir es uns nicht so einfach mit dem Urteil machen dürfen. Wir haben in der Zeit des Kalten Krieges immer Politik unter sehr konkreten und sehr komplexen Umständen gemacht.

Gysi: Na und, Hans, das ist doch heute auch nicht anders.

Da wir schon bei Honecker sind: Er trat am 18. Oktober 1989 von seinen Ämtern zwangsweise zurück und wurde am 3. Dezember aus der SED ausgeschlossen. Während die anderen Ex-Politbüromitglieder ihre Häuser in Wandlitz räumten, wurde Honecker in der Charité operiert. Bei seiner Entlassung am 29. Januar 1990 wurde er verhaftet und nach Rummelsburg überführt, nach der U-Haft war er der prominenteste und vielleicht sogar der einzige Obdachlose der DDR. Auch wenn er der Partei nicht mehr angehörte, der du damals vorstandest, war er dennoch eine Zeitlang auch dein Genosse. Hast du dieses Problem damals überhaupt wahrgenommen?

Gysi: Selbstverständlich. Hans und ich haben mit den Vorsitzenden der anderen Parteien darüber gesprochen, wo wir ihn unterbringen. Hans hat ja auch versucht, Lösungen zu finden. Ich persönlich bin Honecker nie begegnet, und ich war gewiss nicht von ihm begeistert, aber der Umgang mit ihm missfiel mir. Ich fand es darum erstaunlich und ermutigend, dass ein Richter – den ich kannte – den Erlass eines Haftbefehls gegen Honecker ablehnte. Und das übergeordnete Gericht sah es auch so. Am 30. Januar musste er aus der U-Haft in Rummelsburg entlassen werden. So stellte sich denn die Frage: Wohin mit ihm? Wandlitz gab es nicht mehr, eine Wohnung hatte er nicht. Hans tat mir irgendwie leid, dass er dafür nun auch noch die Verantwortung hatte. Auf Vermittlung Manfred Stolpes[1] wurde das Pfarrhaus in Lobetal das zeitweilige Quartier. Nach der Pleite in Lindow und Rückkehr nach Lobetal gingen sie Anfang April nach Beelitz und wurden im März 1991 mit einer sowjetischen Militärmaschine nach Moskau ausgeflogen. Darüber informierte mich der sowjetische Botschafter, er rief mich in Bonn im Bundestag an. Ich fragte ihn, mit wem er noch telefoniert habe. Nur mit Kanzler Kohl, sagte Kotschemassow, und sollte damit einen Versprecher des Kanzlers im Bundestag provozieren. Kohl redete den SPD-Vorsitzenden Jochen Vogel plötzlich mit »Herr Kollege Honecker« an, was natürlich Heiterkeit im ganzen Saale auslöste. Aber nur ich wusste die Ursache des Freudschen Versprechers.

Modrow: In der Sache Honecker sollten wir zwei Dinge auseinanderhalten. Von den Betroffenen wurde und wird immer so getan, als habe unter der Modrow-Regierung Honeckers juristische Verfolgung begonnen. Das stimmt zwar, aber zur Wahrheit gehört, dass in jener Zeit auch gegen mich und Mitglieder meiner Regierung die Staatsanwaltschaft ermittelte. Dabei ging es um die Wahlen vom 6. Mai 1989 und die vermeintliche Anstiftung zum Wahlbetrug. Erst nach Ende meiner Amtszeit wurde Anklage erhoben. Und zweitens wird unterstellt, dass die Regierung – also ich persönlich – den Auftrag zur juristischen Verfolgung von Erich Honecker erteilt hätte. Das traf nicht zu. Die Justiz handelte eigenständig und auf der Basis der gültigen Verfassung.

Offen gestanden: Den Vorwurf des Landesverrats und andere Konstrukte, wenn sie denn an mich herangetragen worden wären, hätte ich als das bezeichnet, was sie waren – als Blödsinn.

Um mich nicht falsch zu verstehen: Ich hielt eine politische Auseinandersetzung mit Honecker durchaus für angebracht, aber keine juristische, schon gar nicht vor einem westdeutschen Gericht. Die Mitglieder der SED und die Ostdeutschen hätten ihn zur Rechenschaft ziehen müssen – und niemand sonst.

Was nun das Quartier betrifft, und da muss Margot Honecker auch ein wenig selbstkritischer sein, bleibt festzuhalten, dass sie selbst zunächst zu ihrer Tochter in die Leipziger Straße zog. Es gab mit keinem Ex-Politbüromitglied, das in der Stadt lebte, Probleme. Hager, Stoph, Mückenberger[2], Keßler, Schabowski[3], Krenz und andere wohnten unbedrängt in Berlin. Die Schwierigkeiten entstanden erst später, als Margot Honecker nach Lobetal ging. Denn Erich

Honecker wurde – nachdem der Richter den Haftbe-
fehl verweigerte – von Rummelsburg nach Lobetal
gebracht.

Dann aber machten wir einen Fehler. Auf der
Suche nach einem geeigneten Quartier schlug mein
Staatssekretär Möbius ein Ferienheim in Lindow
vor, das weder er noch ich kannten, wir kannten
auch nicht die Stimmung im Ort. Wir glaubten,
dass die Anfahrt problemlos verlaufen würde. Ein
fataler Irrtum. Wir hatten das Maß an Hass unter-
schätzt, das sich inzwischen gegen die Person von
Honecker richtete, wie auch die Organisiertheit der
Bürgerbewegten in Lindow. Inzwischen werde ausschließlich ich für den Zusammenstoß und die Bei-
nahe-Katastrophe verantwortlich gemacht. Der
damalige Stellvertretende Innenminister Schmalfuß
warf mir beispielsweise unlängst vor, ich hätte nicht

Autogramme im Wahlkampf, Frühjahr 1990

oder falsch entschieden und die Sicherheitslage nicht richtig beurteilt. Entschuldigung: War er nun für die Polizei verantwortlich oder ich? Es wäre seine Pflicht gewesen, mich als den Ministerpräsidenten in der Sicherheitsfrage hinlänglich zu informieren und zu beraten.

Nachdem die Sache in Lindow eskalierte, habe ich mit Botschafter Kotschemassow und sowjetischen Militärs gesprochen und dafür gesorgt, dass die Honeckers im Sanatorium Beelitz aufgenommen wurden. Dort wurden sie sehr aufmerksam und angemessen von der Sowjetarmee betreut, bis sie über Sperenberg ausgeflogen wurden. Das aber lief in der Verantwortung sowjetischer Dienststellen, auch wenn ich darüber zuvor mit Kotschemassow gesprochen und er Gregor in Bonn telefonisch informiert hatte. Insofern ist die spätere Erklärung Jelzins, der damit die Auslieferung Honeckers an die Bundesrepublik begründete, das Ehepaar Honecker sei illegal in Russland eingereist, völliger Stuss. Dann müssen seine Militärs auch illegal gewesen sein.

Hast du das Problem Honecker später noch einmal auf dem Tisch gehabt?

Gysi: Nein, allenfalls peripher. Auch wenn ich im Bundestag per Zwischenruf von der Regierungskoalition aufgefordert wurde, Honecker aus Russland zurückzuholen. Ich fragte: Sie kennen ihn doch, wie ist er eigentlich? Da waren sie ziemlich sauer, weil es die Wahrheit war, denn sie waren ihm – im Unterschied zu mir – begegnet. Nein, das Thema Honecker habe ich wie viele Deutsche auch nur noch in den Medien

verfolgt. Mich ärgerte jedoch das offenkundig ge-
fälschte Gutachten der Mediziner in Moskau, denn
Ärzte sollten nicht lügen. Niemals.

Modrow: Deine Beziehung zu Honecker ist doch
überschaubar. Als du Vorsitzender der SED wurdest,
gehörte er schon nicht mehr der Partei an. Die dann
folgenden Parteiverfahren führte eine Schiedskom-
mission unter Werner Eberlein[4], damit hattest du
auch nichts zu tun. Am 21. Januar rehabilitierte die
Kommission 47 Genossinnen und Genossen, darunter auch Karl Schirdewan, und schloss Böhme[5],
Dohlus[6], Hager, Herrmann[7], Jarowinsky[8], Keßler,
Krenz, Lange, Mückenberger, Margarete Müller[9],
Naumann[10], Schabowski, Schürer[11] und Walde[12] aus
der Partei aus.

Anmerkungen

1   Rechtsanwalt Wolfgang Vogel hatte sich an die Evangelische Kirche in Berlin-Brandenburg gewandt, konkret an Manfred Stolpe, Jahrgang 1936. Der
Kirchenjurist Stolpe leitete von 1969 bis 1981 das Sekretariat des Bundes
der Evangelischen Kirchen in der DDR. Ab Januar 1982 war er Konsisto-
rialpräsident der Evangelischen Kirche Berlin-Brandenburg. Von 1982 bis
1989 war er zusätzlich stellvertretender Vorsitzender des Bundes der Evangelischen Kirchen in der DDR. In dieser Eigenschaft vermittelte er den
Kontakt zu Uwe Holmer, dem Leiter der Hoffnungstaler Anstalten in
Lobetal. Dort blieb das Ehepaar Honecker bis zum 3. April 1990, bis zur
Übersiedlung in das sowjetische Militärhospital bei Beelitz. Im März scheiterte der Versuch, Honeckers in Lindow unterzubringen.
2   Erich Mückenberger (1910-1998), Mitglied der SPD seit 1927, war wiederholt in der Nazizeit inhaftiert. Von 1949 bis 1953 arbeitete er als
1. Sekretär der SED-Landesleitung Thüringen bzw. der Bezirksleitung
Erfurt. Von 1950 bis 1989 war er Mitglied des Zentralkomitees und Kandidat, ab 1958 Mitglied des Politbüros. Von 1971 bis 1989 hatte er als
Nachfolger von Hermann Matern den Vorsitz der Zentralen Parteikontrollkommission des Zentralkomitees der SED. Am 8. November 1989
wurde Mückenberger aus dem Politbüro, im Januar 1990 aus der SED ausgeschlossen. Ein Prozess wegen Totschlags und Mitverantwortung am

Grenzregime der DDR wurde im August 1996 wegen Verhandlungsun-
fähigkeit eingestellt.

3 Günter Schabowski, Jahrgang 1929, Mitglied der SED seit 1952. Nach
Besuch der Parteihochschule in Moskau zunächst Stellvertretender, von
1978 bis 1985 Chefredakteur des *Neuen Deutschland*. Seit 1984 gehörte er
der Agitationskommission des Politbüros an. 1985 wurde er nach dem
Sturz Konrad Naumanns 1. Sekretär der Bezirksleitung Berlin der SED,
seit 1986 war er auch ZK-Sekretär. Sein Versprecher auf der Pressekonferenz am 9. November 1989 führte zur unkontrollierten Öffnung der
Staatsgrenze. Am 20. Januar 1990 wurde er aus der SED-PDS ausgeschlossen. 1997 wurde Schabowski wegen Totschlags zu einer Strafe von
drei Jahren verurteilt, kam jedoch schon nach einem knappen Jahr in den
offenen Vollzug. Entlassung am 2. Dezember 2000, nachdem er im September 2000 vom Regierenden Bürgermeister von Berlin, Eberhard Diepgen (CDU), begnadigt worden war.

4 Werner Eberlein (1919-2002), Sohn des KPD-Mitbegründers Hugo Eberlein, der im sowjetischen Exil den Stalinschen Säuberungen zum Opfer
fiel. Werner Eberlein lebte acht Jahre in sowjetischer Verbannung, kehrte
1948 nach Deutschland zurück und wurde Ulbrichts Chefdolmetscher.
Seit 1960 ZK-Mitglied, von 1964 bis 1983 stellvertretender Leiter der ZK-
Abteilung Kader. 1983 wurde er 1. Sekretär der SED-Bezirksleitung Magdeburg, von 1986 bis 1989 gehörte er dem Politbüro an. Anfang 1990 war
Eberlein kurzzeitig Vorsitzender der Zentralen Parteikontrollkommission
der SED-PDS. Zuletzt gehörte er dem Ältestenrat der PDS an.

5 Hans-Joachim Böhme (1929-2012), SED-Funktionär, seit 1981 in der
Nachfolge Werner Felfes 1. Sekretär der SED-Bezirksleitung Halle, von
1981 bis 1989 ZK-Mitglied, seit 1986 auch Mitglied des Politbüros. Hans-
Joachim Böhme wurde am 6. August 2004 vom Berliner Landgericht
wegen der Todesopfer an der Berliner Mauer zu 15 Monaten Haft auf
Bewährung verurteilt.

6 Horst Dohlus (1925-2007), nach Entlassung aus US-Kriegsgefangenschaft
1946 Eintritt in die SED. 1955 Rüge wegen »parteischädigenden Verhaltens und fortgesetzter Verstöße gegen die Parteimoral«. Danach Parteiorganisator des ZK der SED im Kombinat Schwarze Pumpe (bis 1958) und
2. Sekretär der SED-Bezirksleitung Cottbus (bis 1960). Von 1960 bis 1986
war Dohlus Leiter der Abteilung Parteiorgane im ZK der SED. 1976
wurde er Kandidat und 1980 Mitglied des Politbüros, außerdem 1986
Mitglied der Kaderkommission des ZK der SED.

7 Joachim Herrmann (1928-1992), 1948 Eintritt in die SED, von 1954
bis 1960 Chefredakteur der *Jungen Welt*, von 1962 bis 1965 der *Berliner Zeitung*, danach – bis 1978 – des *Neuen Deutschland*. Er gehörte dem
Politbüro seit 1978 an und war als ZK-Sekretär für Agitation verantwortlich für die Infomationspolitik in der DDR.

8 Werner Jarowinsky (1927-1990), geboren in Leningrad, 1930 Übersied-

lung der Familie nach Deutschland, 1945 Eintritt in die KPD. 1956 wurde er Leiter des Forschungsinstituts für Binnenhandel, 1957 Leiter der Hauptverwaltung und 1959 Staatssekretär im Ministerium für Handel und Versorgung. 1963 Mitglied des ZK, Kandidat des Politbüros (seit 1984 Mitglied) mit Verantwortung für Handel und Versorgung, später auch Kirchenfragen.

9 Margarete Müller, Jahrgang 1931, Eintritt in die SED 1951. Von 1953 bis 1958 studierte sie am Leningrader landwirtschaftlichen Institut in Puschkin. Danach war sie Agronom der MTS Brohm und bis 1963 Vorsitzende der LPG Kotelow, zugleich auch Mitglied der SED-Bezirksleitung Neubrandenburg. Von 1963 bis 1989 war sie Mitglied des ZK und Kandidat des Politbüros.

10 Konrad Naumann (1928-1992), Eintritt KPD 1945, nach Studium an der Komsomolhochschule in Moskau von 1952 bis 1957 tätig als 1. Sekretär der FDJ-Bezirksleitung Frankfurt und bis 1967 Sekretär des Zentralrats. Von 1971 bis 1985 in der Nachfolge Paul Verners 1. Sekretär der SED-Bezirksleitung Berlin. Naumann wurde 1973 Kandidat und 1976 Mitglied des Politbüros. 1984/85 war er Sekretär des ZK der SED und Mitglied des Staatsrates. Danach wurde er aller seiner Ämter enthoben und bis 1989 Mitarbeiter der Staatlichen Archivverwaltung Potsdam.

11 Gerhard Schürer (1921-2010), Eintritt in die SED 1948. Nach Besuch der Parteihochschule in Moskau seit 1962 Leiter der Abteilung Planung, Finanzen und technische Entwicklung des ZK der SED sowie Mitglied der Wirtschaftskommission beim Politbüro. Kandidat des Politbüros seit 1978. Von 1965 bis 1989 Leiter der Staatlichen Plankommission. Im Januar 1990 wurde er aus der SED-PDS ausgeschlossen. Ein Verfahren wegen »verbrecherischen Vertrauensmissbrauchs« wurde von der Staatsanwaltschaft der DDR eingestellt. Danach arbeitete Schürer als Unternehmensberater bei Dussmann.

12 Werner Walde (1926-2010), Eintritt in die SPD 1946, danach SED. Von 1961 bis 1964 war er 1. Sekretär der SED-Kreisleitung Senftenberg, von 1969 bis 1989 1. Sekretär der SED-Bezirksleitung Cottbus, von 1976 bis 1989 Kandidat des Politbüros.

Lex Modrow in der Volkskammer

Zurück zur großen Politik. Die DDR verschwand am 2. Oktober 1990 um Mitternacht von der Landkarte. Auf einer kurzfristig anberaumten Nachtsitzung der Volkskammer am 23. August beschloss eine Mehrheit von 294 Abgeordneten der CDU, DSU, DA, FDP und SPD den Beitritt zur Bundesrepublik am 3. Oktober. 62 Abgeordnete – das waren vier weniger, als die PDS-Fraktion Sitze zählten – votierten dagegen, sieben Parlamentarier enthielten sich der Stimme. Du hast dort mit erkennbar innerer Erregung eine kurze, fulminante Rede gehalten, du warst geradezu aufgewühlt.

Gysi: Ja, das war ich. Das war doch auch natürlich – die DDR war schließlich mein ganzes Leben bis dahin. Ich bin Jahrgang 1948, 1949 wurde die DDR gegründet, meine Eltern zogen von Westberlin nach Ostberlin, alles, was ich geworden war, hing doch mit diesem Land zusammen.

Das galt aber auch für die anderen Abgeordneten.

Gysi: Natürlich. Aber die hatten offensichtlich zu diesem Staat eine andere oder eben keine Beziehung. Die hatten damit keine Probleme, ihn untergehen zu sehen.

Ich will mal diese Rede zitieren. Sie ist nicht nur kurz und emotional, sondern – bei aller Kritik – auch konstruktiv und von Bismarck diktiert. Der hatte mal gesagt, als Politiker müsse man mit den Realitäten wirtschaften, nicht mit Fiktionen. Das Ende der DDR war mit dieser Entscheidung Realität geworden wie eben auch der Eingang Ostdeutschlands in die alte Bundesrepublik. Damit musste nun deine Partei »wirtschaften«. Hier also dein Statement vom 23. August 1990: »Das Parlament hat soeben nicht mehr und nicht weniger als den Untergang der Deutschen Demokratischen Republik am 3. Oktober 1990 beschlossen. Ich bedauere, dass die Beschlussfassung im Hauruckverfahren über einen Änderungsantrag geschehen ist und keine würdigere Form ohne Wahlkampftaktik gefunden wurde, denn die DDR, wie sie auch immer historisch beurteilt werden wird, war für jeden von uns – mit sehr unterschiedlichen Erfahrungen – das bisherige Leben. So wie wir alle geworden sind, sind wir hier geworden, und ich bedauere, dass der Einigungsprozess zum Anschluss degradiert ist.*

Aber ich bin davon überzeugt, es gibt auch neue Chancen. Noch können wir die Zeichen auf Aussöhnung statt auf Feindschaft setzen, und das einige Deutschland braucht eine starke demokratische Opposition. Zu letzterem will meine Partei einen wichtigen und würdigen Beitrag leisten.«

Gysi: Lothar de Maizière sagte mir danach einen durchaus freundschaftlich gemeinten Satz: Du wirst nun Bundesbürger, also musst du dich darauf auch einlassen und Deutschland wollen, um dich darin zurechtzufinden. Sonst wird das nichts. Damit meinte er ja nicht alle politischen Strukturen oder die Art des Umgangs miteinander. Der Hinweis war hilfreich.

Dieses Einlassen erfolgte nicht auf Knopfdruck, es war ein Prozess. Bei manchen Dingen fiel es mir schwer, schwerer als manch anderem, bei einigen leicht. Das hing auch viel mit meinem Elternhaus und dessen Umgang zusammen, mit den Besuchern und Bekannten, die wir hatten. Mir war dadurch, und dass ich seit Januar 1988 wiederholt in den Westen reisen durfte, die Welt nicht ganz so fremd, wie sie vielleicht anderen Ostdeutschen fremd war.

Übrigens habe ich für diesen ersten Satz zweimal Beifall bekommen. Damals in der Volkskammer tobte die ganze CDU-Fraktion, und 20 Jahre später, als im Bundestag an die Wahlen vom 18. März 1990 erinnert wurde, applaudierte die CDU beim Einspiel ebenfalls an dieser Stelle. Im August 1990 fand ich es nur begrenzt witzig, 2010 hingegen hat es mich amüsiert, es war aberwitzig: Denn was beklatschten sie? Ihre Fehler, die sie im Einigungsprozess begangen hatten? Sie hatten das »nicht mehr und nicht weniger« nie richtig verstanden. Allerdings will ich nicht verschweigen, dass sich nach der Sitzung Lothar de Maizière und Günter Krause[1] für diese Reaktion ihrer Fraktion bei mir entschuldigten.

Auch Krause?

Gysi: Ja, auch der. Das war ihm unangenehm. Er fand, dass man mir hätte ganz zuhören sollen.

Hättest du zu einem späteren Zeitpunkt noch einmal eine vergleichbare Rede halten können?

Gysi: Das war ja keine Rede, das waren nur ein paar Sätze.

Volkskammersitzung nach dem Umzug aus dem asbestbelasteten Palast der Republik in das vormalige ZK-Gebäude, Spätsommer 1990. Am rechten Rand der Grünen-Abgeordnete Matthias Platzeck, heute Ministerpräsident des Landes Brandenburg

Einverstanden. Aber es war ein klares Bekenntnis zu diesem Staat, der unterging.

Gysi: Nein. »Nicht mehr und nicht weniger« bedeutete, den Vorgang nicht zu über- und auch nicht zu unterschätzen. Es war mehr ein Appell an alle, einen anderen Umgang miteinander zu pflegen, unsere unterschiedlichen Erfahrungen gemeinsam und nicht zur Ausgrenzung zu nutzen … Ich denke, das ging überhaupt nur an einem solchen Tag. Es ging mir auch weniger um die DDR als vielmehr um diejenigen, die nun Bundesbürger wurden und lernen mussten, sich zu verhalten. Das hat sich alsbald alles verschoben. So beschwerten sich später ostdeutsche Bundestagsabgeordnete bei mir darüber, wie sie in ihren, also in den anderen Fraktionen behandelt wurden.

Wie hast du diese Zäsur empfunden, Hans?

 Modrow: Ich war, wenn man so will, schon einen Schritt weiter. Bis zur Neuwahl des gesamtdeutschen Bundestages sollte es ein Übergangsparlament geben, in das jede Volkskammerfraktion nach einem Schlüssel Abgeordnete entsandte. Obgleich dieses Parlament gerade mal zwei Monate bestehen würde – jedem war bewusst, dass es nicht mehr als eine symbolische Geste war – entbrannte heftiger Streit insbesondere um meine Person. Man formulierte eine Art Lex Modrow, in der über jeden einzelnen Vorschlag in der Volkskammer abgestimmt werden sollte. Gregor hat sich sehr dafür eingesetzt, dass ich mit 23 anderen aus der Fraktion nach Bonn gehe.

Am 28. September hatte die SPD-Abgeordnete Kschenka – kennt die noch einer? – den Antrag gestellt, die Volkskammer möge den Abgeordneten Modrow von der Liste für den Deutschen Bundestag streichen, weil er »strukturell Verbindungen zur Staatssicherheit« hatte. In deiner Entgegnung, Gregor, hast du dieses Ansinnen als undemokratisch zurückgewiesen, weil ausschließlich die PDS-Fraktion darüber zu entscheiden habe, wen sie nach Bonn entsende. Auf diese heuchlerische Verlogenheit eingehend, hast du erklärt: »Michail Gorbatschow findet Anerkennung in diesem Haus bei allen Fraktionen, auch bei der DSU. Er ist hier schon von allen Fraktionen gewürdigt worden. Wenn Ihr Maßstab stimmt, den Sie heute hier aufstellen, könnte Michail Gorbatschow in dem geeinten Deutschland nicht einmal in eine Gemeindevertretung gewählt werden ... Ich finde diesen Antrag in hohem

Maße unehrlich, ich finde ihn auch ein bisschen mies. Das klingt alles nach kleinlicher Rache von Leuten, die mit ihm zusammengegangen sind, solange sie meinten, ihn zu brauchen, und nun glauben, ihn wegwerfen zu können in dem Moment, wo sie unter neue Fittiche schlüpfen. Mögen Sie kriechen nach Bonn – wir werden das nicht tun! Ich sage Ihnen: Etwas gibt es in unserer Partei, das Sie einfach nicht kennen. Solidarität, und die lassen wir uns von Ihnen nicht nehmen.«

Modrow: Große Wirkung erzielte damals auch Wolfgang Ullmann[2] …

Gysi: Übrigens auch Frau Bergmann-Pohl[3] als Volkskammerpräsidentin. Sie war gegen eine Lex Modrow, wie sie auch den SPD-Antrag ablehnte, Hans von der Liste zu streichen.

Modrow: Das alles habe ich aber nicht im Parlament erlebt, ich war als langjähriger Vorsitzender des

Gregor Gysi auf dem Sprung, 2012

Volkskammerausschusses DDR-Japan einer Einladung aus Tokio gefolgt. Das war mir nicht unangenehm, so entging ich den Einheitsfeiern in Berlin. Ich hatte mit den Präsidenten des Oberhauses und des Unterhauses Gespräche, in denen beide – natürlich japanisch höflich und diplomatisch verklausuliert – ihr Missfallen über die Art und Weise der Vereinigung zum Ausdruck brachten. Die DDR stand, bei aller politischen Distanz, ihnen nahe, und deshalb fanden sie nicht gut, wie sie nun ausgelöscht worden war.

Anderentags – über Nacht war ich ja Bundesbürger und Abgeordneter des Deutschen Bundestages geworden – lud mich BRD-Botschafter Haas zu einem Empfang. Ich ließ ihn wissen, dass ich die Einladung nur annehme, wenn der bis gestern tätige Geschäftsträger der DDR-Botschaft hinzugebeten würde …

Die Tür öffnet sich erneut. Die Sekretärin sagt, in zehn Minuten gebe es wieder eine namentliche Abstimmung. Gysi nickt.

… Das muss ich zur Ehre von Haas sagen: Unser Mann stand bei der Begrüßung der rund tausend Gäste mit mir in der ersten Reihe. Das war ein würdiger Übergang. Gleichwohl berücksichtige Haas dabei auch, dass mich vermutlich fast jeder zweite Gast kannte und bis dato ein gutes Verhältnis zur DDR unterhielt.

Ich würde jetzt gern auf die Bundestagswahl am 2. Dezember 1990 zu sprechen kommen, oder musst du jetzt schon rüberlaufen?

Gysi: Ja, ich muss jetzt rüberlaufen, sonst komme ich zu spät. Aber wir setzen uns besser in mein Büro. Da kann ich das auf dem Monitor sehen, wenn ich dran bin.

Anmerkungen

1 Günter Krause, Jahrgang 1952, trat während seines Studiums an der Hochschule für Architektur und Bauwesen Weimar 1975 der CDU bei. Nach dem Studium arbeitete er zunächst beim Wohnungsbaukombinat Rostock, von 1982 bis 1990 an der Ingenieurhochschule Wismar. In jener Zeit wurde er CDU-Kreisvorsitzender in Bad Doberan, im März 1990 Landesvorsitzender. Nach der Volkskammerwahl wählte ihn die CDU-Fraktion zu ihrem Vorsitzenden. Als Parlamentarischer Staatssekretär war er der Verhandlungsführer der DDR bei den Gesprächen über den am 2. Juli 1990 geschlossenen Einigungsvertrag. Im Kabinett Kohl war er zunächst Bundesminister für besondere Aufgaben, ab 1991 Bundesverkehrsminister. 1993 trat er von seinen Funktionen wegen mehrerer Affären zurück. Krause wurde am 23. Dezember 2002 vom Landgericht Rostock wegen Untreue, Betrug und Steuerhinterziehung zu einer Freiheitsstrafe von 3 Jahren und 9 Monaten verurteilt, in einem Revisionsverfahren wurden daraus 14 Monate auf Bewährung.
2 Wolfgang Ullmann (1929-2004), Kirchenhistoriker, gründete 1989 mit Konrad Weiß und Ulrike Poppe die Bürgerbewegung »Demokratie jetzt!«. Im Kabinett Modrow war er Minister ohne Geschäftsbereich. Am Runden Tisch arbeitete er an dem nicht mehr beschlossenen Verfassungsentwurf mit. Vom 3. Oktober 1990 bis 1994 war er für Bündnis 90/Die Grünen Mitglied des Deutschen Bundestages. Von 1994 bis 1998 saß er als Abgeordneter von Bündnis 90/Die Grünen im Europa-Parlament.
3 Sabine Bergmann-Pohl, Jahrgang 1946, nach einem Medizinstudium arbeitete sie seit 1979 als Fachärztin für Lungenkrankheiten. Von 1985 bis 1990 war sie Ärztliche Direktorin in der Bezirksstelle für Lungenkrankheiten und Tuberkulose in Berlin. 1981 trat sie der CDU bei. Bei der Volkskammerwahl am 18. März 1990 zog sie für die CDU als Abgeordnete ins Parlament ein und wurde am 5. April zu dessen Präsidentin gewählt. Am 3. Oktober 1990 wurde sie Bundesministerin für besondere Aufgaben. Nach der Bundestagswahl 1990 verlor sie ihr Ministeramt und wurde am 18. Januar 1991 zur Parlamentarischen Staatssekretärin beim Bundesminister für Gesundheit ernannt. Das blieb sie bis zum Ende der Kohl-Regierung 1998.

Finanzskandal und Ost-West-Zoff in der Gruppe wie im Bundestag

Also Bundestagswahl. Wir hatten schon erwähnt, dass alle DDR-Parteien sich bereits zu Jahresbeginn Partner in der Bundesrepublik gesucht hatten. Nur die PDS wollte keiner. Wolltet ihr nicht auch gesamtdeutsch werden, oder genügte euch, gleich der CSU in Bayern eine eigenständige Regionalpartei zu sein?

Gysi: Die CSU gilt zwar als eigenständig, aber es gibt die Verabredung in der Union, dass sich die CSU nicht in die anderen Bundesländer ausdehnt wie eben auch nicht die CDU in Bayern antritt. Und wenn es zwischen beiden Unionsparteien in der Vergangenheit kriselte, drohten die Christdemokraten mit der Expansion nach Bayern oder die Christsozialen mit der Ausdehnung bis nach Flensburg. Das war nichts als Schattenboxen. Trotzdem: Die Union war und ist ein ganz anders gelagerter Fall.

Modrow: Soweit ich mich erinnere, gab es einen ersten West-Kontakt am 20. April, Gregor. Da hattest du mit dem Sprecherrat der DKP ein Treffen, in welchem du ausloten wolltest, ob es Möglichkeiten für gemeinsames Handeln im deutschen Einigungsprozess gebe.

Gysi: Die gab es kaum, wir hatten sehr wenige Schnittstellen. Außerdem waren die westdeutschen Genossen noch sehr mit sich selbst beschäftigt und schlossen nicht grundsätzlich aus, dass sich ihre Par-

tei auch nach Ostdeutschland ausdehnen könnte …
Dann hatten wir am 8. Juli eine Konferenz im Haus
am Köllnischen Park mit über 1.200 Teilnehmern aus
Ost und West – von Jutta Ditfurth bis Thomas Eber-
mann –, bei der es um die Kooperation linker Kräfte
in Deutschland ging. Es folgten noch im gleichen
Monat Informationstreffen mit »Freundeskreisen der
PDS« in der Bundesrepublik, am 28./29. Juli ein
großes Meeting in Köln. Am 4. August konstituierte
sich in Berlin die »Linke Liste/PDS« als Wahlpartei,
am 8. August eine Linke Liste/PDS in der BRD. Am
18. August entstand in Hamburg eine bundesweite
Arbeitsgemeinschaft von PDS-Initiativen. Auf der
2. Tagung des 1. Parteitages der PDS Mitte September in Berlin und dem zeitgleich stattfindenden Wahl-
kongress der Linken Liste/PDS der BRD wurde ein
gemeinsames Wahlprogramm für die Bundestagswahlen Ende des Jahres angenommen.

Jutta Ditfurth, Gregor Gysi und Hans Modrow auf
dem Kongress der Linken in Berlin, 8. Juli 1990

Wahlparteitag in Berlin, September 1990

Aber damit erlitt man dann mehrfach Schiffbruch.

Modrow: So war es. Zum einen beschloss das Präsidium am 8. Oktober – zugegeben: nach kontroverser und heftig geführter Debatte – die Änderung des Parteinamens. Aus PDS soll jetzt Linke Liste/PDS werden. Das führte zu heftigen Protesten an der Parteibasis wie auch ganzer Landesverbände. Daraufhin musste dieser Beschluss annulliert werden. Zum anderen hatte der Bundestag zwischenzeitlich ein neues Wahlgesetz verabschiedet, das Listenverbindungen von politischen Gruppierungen aus der DDR und der BRD als nicht statthaft erklärte. Das zwang die PDS dazu, Landesverbände in Westdeutschland zu bilden. Also mussten wir uns nach Westen ausdehnen, also den umgekehrten Weg gehen.

Gysi: Hans und ich und viele andere tourten vier Wochen durch die alte Bundesrepublik: Köln, Osnabrück, Kiel, Essen, Nürnberg, Düsseldorf, Herne, Bremen, Wiesbaden, Kassel, Lübeck, Bonn, Hamburg, Hannover, Frankfurt, Saarbrücken, Mannheim, Stuttgart, Aachen und München.

Viel hat der Einsatz nicht gebracht – obwohl der Wahlkampf der PDS (»Im Westen was Neues«) selbstbewusst und witzig war (»Links ist lebendig. PDS ... das andere Deutschland«). 2,4 Prozent bundesweit, im Osten elf Prozent (bei den Volkskammerwahlen ein Dreivierteljahr zuvor waren es noch 16,4 Prozent Zuspruch gewesen). Das waren 17 Bundestagsmandate. Ihr beiden wart dabei, und vier Westdeutsche. Von denen ist Ulla Jelpke noch heute im Ring ...

Gysi: Du darfst dabei nicht übersehen, dass wir 1990 wegen des Finanzskandals unter Dauerbeschuss standen. Es ging los mit der Einsetzung einer »unabhängigen« Kommission zur Überprüfung von Partei-

Auf Wahlkampftour im Westen

vermögen im Frühsommer. Ich kam dem zuvor und erklärte am 11. Juni auf einer Pressekonferenz in Wien – ich hatte mich dort unter anderem mit Bruno Kreisky getroffen –, dass das derzeitige Eigentum der PDS rund eine Milliarde DDR-Mark betrüge, 20 bis 30 Millionen Valuta-Mark sowie Immobilien.

Am 18. Oktober – zwei Wochen nach der Vereinigung – durchsuchte in der Nacht ein Polizeiaufgebot das Karl-Liebknecht-Haus und beschlagnahmte Unterlagen. Dabei machten sie auch vor meinem und dem Büro von Hans nicht Halt, womit unsere parlamentarische Immunität verletzt wurde. Die Staatsanwaltschaft begründete die Nacht-und-Nebelaktion mit »Gefahr im Verzuge« und verwies auf eine Überweisung von 107 Millionen D-Mark in zwei Raten am 12. September und 2. Oktober auf ein Moskauer Konto.

Ich bin nach Moskau geflogen, um mich kundig zu machen. Mein Vize Wolfgang Pohl offenbarte, dass er Geld für die Parteiarbeit habe sichern wollen, was ohne Zweifel illegal war. Er trat zurück, und auch ich bot als Parteivorsitzender meinen Rücktritt an, den das Präsidium aber ablehnte. Unmittelbar nach dieser Sitzung am 26. Oktober wurden Wolfgang Pohl und der Leiter des Bereichs Parteifinanzen, Wolfgang Langnitschke, verhaftet. Nach 22 Uhr durchsuchte ein halbes Hundert Polizisten erneut das KL-Haus. Pohl und Langnitschke wurden im März 1992 wegen Untreue zum Nachteil der Partei zu 24 bzw. 21 Monaten Haft verurteilt, die drei Jahre zur Bewährung ausgesetzt wurden. Der politische Schaden, den die PDS in Wirklichkeit erlitten hatte, sei für die

Strafkammer belanglos, hieß es im Urteil des Berliner Landgerichts. Später wurden sie freigesprochen.

Modrow: Ich sollte auch vernommen werden, verweigerte aber die Aussage wegen Befangenheit.

Gysi: Im Verfahren war übrigens der Verdacht aufgekommen, dass der BND im Parteivorstand einen V-Mann hatte oder hat, denn in einem Schreiben des BND an den zuständigen Staatssekretär im Bundeskanzleramt vom 29. Mai 1990 waren der Öffentlichkeit nicht bekannte Details und Informationen über Kontobewegungen der PDS enthalten, die nur illegal hatten beschafft werden können. Der Richter bestritt dies erwartungsgemäß, er habe »keinerlei Anhaltspunkte« über einen Zugriff des BND.

Modrow: Der Finanzskandal löste eine erneute Austrittswelle aus und stürzte die PDS in eine tiefe Krise. Am Ende des Jahres sollte die Partei nur noch etwa 200.000 Mitglieder zählen.

Gysi: Du wirst allerdings zugeben, dass diese Vorgänge auch den innerparteilichen Klärungsprozess forcierten. Die einen fürchteten, die Partei würde in die Illegalität gedrängt werden, ich hingegen war der Überzeugung, dass gerade Offenheit die einzige Chance war, legal und demokratisch zu bestehen. So formulierte ich es auch in einem Brief an Mitglieder und Sympathisanten. »Wir wollen eine demokratische Partei werden und keine konspirative Sekte.«

Damit war die Sache noch lange nicht ausgestanden. Am 1. November wurde der Hallenser Karl-Heinz Kaufmann, bis vor Kurzem Vorsitzender der PDS im Saalkreis, in Oslo festgenommen. Er hatte versucht, als

*Vertreter einer Moskauer Firma namens »Pudnik«
PDS-Gelder von einer Bank abzuheben. Nunmehr for-
derten etliche Kreisvorsitzende, die Partei aufzulösen,
um sich des leidigen Finanzproblems zu entledigen.*

Gysi: Ich habe das entschieden abgelehnt. Ebenso
eine Urabstimmung über den Fortbestand der Partei.
Das hatte nichts mit Demokratie zu tun. Angenommen, 52 Prozent der Mitglieder stimmten für Auflösung: Hatten sie das Recht, den anderen 48 Prozent
die Partei zu nehmen? Logisch schien mir, dass die 52
Prozent dann gingen. Nein, wir durften nicht das
Handtuch werfen!

*Gysi bot den Rücktritt an, die Parteibasis fordert:
»Bleib auf Deinem Posten!«*

Wir diskutierten im Parteivorstand geschlagene 15 Stunden am Stück, dann entschieden wir, 80 Prozent des Gesamtvermögens abzugeben, insbesondere die 105 Grundstücke sowie jene weiteren 276, bei denen die PDS die Rechtsträgerschaft oder Nutzungsrechte hatte. Wir wollten, dass die Gelder und Immobilien gemeinnützigen Zwecken zugeführt würden. In diesem Sinne sollte ich mit der Unabhängigen Kommission und der Treuhandanstalt sprechen.

Ich erinnere mich an eine Pressekonferenz mit dir zu ziemlich ungewöhnlicher Stunde, an einem Sonntagvormittag.
Gysi: Es war doch aber auch eine ungewöhnliche Entscheidung. Mit diesem rigorosen Schnitt hatten wir binnen einem Jahr 95 Prozent des ursprünglichen SED-Vermögens abgegeben.

Mag sein, aber weil du keine Liste aller ehemaligen SED-Konten und deren Guthaben vorlegen konntest …
Gysi: … an der noch gearbeitet wurde

… schwirrten unverändert Gerüchte durch den Raum.
Gysi: Die zielgerichtet von Spitzenpolitikern der etablierten Parteien gestreut wurden, etwa jenes, dass von einem MfS-Konto eine größere Summe auf ein PDS-Konto transferiert worden sei.

Ich weiß, du hast diese Vorhaltung vehement als Lüge zurückgewiesen. Trotzdem wurde sie später gelegentlich mit anderen Unterstellungen aufgewärmt. Ich glaube, man sucht noch immer angeblich verschwundene

»SED-Millionen«. Hans, du hattest zwar mit dem Finanzskandal nichts zu tun, trotzdem gingen die Angriffe auf dich unverändert weiter. Die Hetze gegen die Partei erreichte einen vorläufigen Höhepunkt, als zu Beginn des Jahres 1991 Edmund Stoiber in einem Interview die SED mit der NSDAP gleichsetzte und dich als »Gauleiter« bezeichnete. War es da nicht verständlich, wenn viele Genossen fürchteten, dass die Partei das gleiche Schicksal erleiden könnte wie die KPD 1933 oder 1956?

Modrow: Ich verstand das, teilte aber Gregors Überzeugung, dass uns nur Offenheit half. Wir mussten uns auf die bürgerliche Demokratie einlassen, deren Regeln akzeptieren. Nur so würden auch wir akzeptiert und ernst genommen werden. Ich gebe zu, dass das angesichts der antikommunistischen Hetze wahrlich schwerfiel. Das hatte schon biblische Dimensionen: Man schlug uns auf die linke Wange, und wir boten noch die rechte …

Nicht uninteressant die zeitliche Nähe des Verfahrens gegen Pohl, Langnitschke und Kaufmann vorm Berliner Landgericht – Kaufmann, das ist nachzutragen, erhielt wegen Anstiftung zur Untreue eine Bewährungsstrafe von 21 Monaten –, am Tag zuvor, am 19. März 1992, hob der Bundestag die parlamentarische Immunität von Hans auf, damit die Dresdner Staatsanwaltschaft ihn wegen Anstiftung zur Wahlfälschung anklagen kann. – Der Finanzskandal habe dir, sagtest du mal, fast die Beine weggehauen. Ich vermute, er überschattete nicht nur den Wahlkampf, sondern auch generell die Bemühungen, im Westen Fuß zu fassen.

Gysi: Durchaus. Aber ich lernte damals auch eine Reihe Westlinke kennen, die bereit waren, mit uns zusammenzugehen. Ich merkte sehr bald, dass die eine andere Sicht auf die Welt hatten, sie verfügten auch über andere Erfahrungen. Aber ich merkte auch: Es waren vor allem sehr wenige. Es kamen wenige aus der DKP, einige aus dem KB und anderen Gruppierungen. Und die konnten sich oft untereinander nicht leiden, weil sie früher auf Konfrontation aus waren. Wir waren damit überfordert, weil wir nicht einschätzen konnten, inwieweit diese Auseinandersetzungen gerechtfertigt waren. Das sollte sich in der Bundestagsgruppe zu einem Problem entwickeln. Es gab einen Ost-West-Unterschied, der sich dadurch zuspitzte, dass sich die Mehrheit aus dem Osten organisierte, weil sie den Eindruck hatte, sich gegen die Minderheit aus dem Westen nicht durchsetzen zu können. In der einen Gruppe waren zehn, in der anderen fünf, und zwei machten weder in der einen noch in der anderen Gruppe mit. Das waren Hans und ich.

Warum habt ihr nicht »mitgemacht«?

Gysi: Als Vorsitzender der Bundestagsgruppe und der Partei konnte ich mich nicht auf eine Seite schlagen. Ich musste vermitteln. Interessant war der Vorgang schon: Normalerweise organisiert sich eine Minderheit, um sich gegenüber einer Mehrheit zu behaupten. Hier organisierte sich eine Mehrheit, weil sie glaubte, keine Chance gegenüber einer Minderheit zu haben. Das sagte über Ost und West und deren Verhältnis zueinander eigentlich alles.

Sie waren anders, und wir auch. Wir fremdelten auch in der Partei.

Und wie war die Erfahrung im Bundestag?
Gysi: Der Umgang mit uns im Plenum war furchtbar. Die anderen Parteien verhielten sich unqualifiziert und aggressiv uns gegenüber.

Ich meinte innerhalb der Gruppe.
Gysi: Wenn man immer ausgegrenzt und geächtet wird, wenn man aggressiv angegriffen wird, hat das Folgen. Der Unmut kehrt sich nach innen, wenn er nicht nach außen zurückgegeben werden kann. So, jetzt muss ich aber abstimmen gehen ...

Gysi verlässt den Raum und eilt in den Plenarsaal hinüber.

Hans, wie sieht Deine West-Erfahrung aus?
Modrow: Im Unterschied zu Gregor verfügte ich über andere, ältere Erfahrungen. Ich hatte bereits als FDJ-Funktionär Kontakte nach drüben. Im Zentralrat war ich in den 50er Jahren für die Jugendarbeit in Westberlin zuständig, hatte auch Verbindung zur illegalen, weil in der BRD verbotenen FDJ. Als Leiter der Abteilung Agitation im ZK der SED hatte ich mit der DKP zu tun. 1982, da war ich 1. Sekretär in Dresden, lernte ich Oskar Lafontaine kennen, Gerhard Schröder drei Jahre später. Insofern bewegte ich mich nicht auf fremdem Terrain.

In der Bundestags-Gruppe war jedoch anderes Personal, keiner kam aus der DKP. Gregor wollte eigent-

Wahlkämpfer Hans Modrow, 1990

lich niemanden aus dieser Partei, wobei dann später
etwa Wolfgang Gehrcke und Christiane Reymann,
Heidi Knake-Werner und deren Mann kamen, alles
vormals DKP-Funktionäre. Letztlich gibt es bis heute
bis auf gelegentliche Kontakte keine Partei-Beziehun-
gen.

*Warum? Hat er mal die Gründe für diese Abneigung
genannt?*

 Modrow: Das war auf jener Beratung in Berlin am
20. April 1990, die ich angeregt hatte. Stehr war bereits Vorsitzender der DKP. Das Gespräch war, trotz
meiner Bemühungen um Vermittlung, unergiebig,
eine deutliche Distanz von beiden Seiten besteht bis
zum heutigen Tag. Das Scheitern damals hatte weniger ideologische Gründe, Andrea Lederer und Ulla
Jelpke standen da weitaus linker als die DKP. Es war
wohl diese von uns als Hochmut empfundene Hal-

tung, die offenkundig alle Wessis teilten: Wir hatten alles falsch, sie jedoch das meiste richtig gemacht.

Ich selbst hatte bald eine gute Beziehung zu Bernd Henn. Der kam aus der IG Metall, war bis 1990 Mitglied der SPD. Der Mittvierziger verließ im Oktober 1991 die Gruppe, weil er mit den meisten anderen nicht klarkam. In einem Schreiben an Gregor begründete er den Schritt, er sei seit einem halben Jahr der Auffassung, »dass das Projekt PDS/Linke Liste in seiner bisherigen Form gescheitert ist«. Auch öffentlich äußerte er »tiefe Besorgnis über die innere Zerrissenheit der Abgeordnetengruppe PDS/Linke Liste«. Die inhaltlichen Differenzen seien sehr groß und würden durch einen oft gehässigen Diskussionsstil unerträglich. Gregor konterte: Die von Henn genannten »grundsätzlichen Störungen« hätten begonnen, nachdem er vor einem halben Jahr bei seiner Bewerbung um einen Platz im Parteipräsidium gescheitert sei, seitdem wäre er den Vorstandssitzungen und seinem Wahlkreis (im Osten) ferngeblieben.

Daraufhin nahm ich ihn mit auf eine Reise nach China. Am 1. Januar 1993 kehrte er wieder in die Gruppe zurück. So hatte ich es auch mit Gregor besprochen. Was gaben wir denn nach außen für ein Bild ab, wenn wir unfähig waren, eine Gruppe von nur 17 Leuten aus Ost und West zusammenzuhalten? Und außerdem war Bernd die einzige Verbindung zur westdeutschen Gewerkschaft. Er war für uns unverzichtbar, wir brauchten ihn, für innen wie für außen.

Es war schon ein ziemlich kompliziertes Innenklima. Brücken wurden da zwischen Ost und West kaum gebaut. Gregor hatte vorhin mit seiner Feststellung Recht, dass wir beide Vermittler waren, doch dabei stießen wir oft an unüberwindbare Grenzen.

War das der Grund, weshalb du 1994 aus dem Bundestag ausgeschieden bist?

Modrow: Nein. Ich sollte 1995 wegen meiner langjährigen internationalen Kontakte und Erfahrungen für das Europa-Parlament kandidieren, aber da verfehlten wir knapp die Fünfprozent-Hürde. Das klappte erst im zweiten Anlauf 1999.

Du erwähntest, dass du bereits in den 70er und 80er Jahren politische Kontakte zu Westdeutschen hattest. Sie kamen nach Dresden, du bist mit SED-Delegationen in der Bundesrepublik gewesen. Das war eine andere Art Umgang: Du warst Vertreter eines Staates und Funktionär jener Partei, die sich als die führende und staatstragende verstand. Daraus resultierte auch ein grundsätzlich anderes Politikverständnis, was ja die Kontroverse zwischen den Ost- und den Westlinken ausmachte. Sie standen schon immer in Opposition zum bestehenden politischen System, in welchem sie von Geburt an lebten, während die Ostdeutschen dies erst lernen mussten. Hinzu kam, dass sich – gemäß dem SED-Prinzip »Wo ein Genosse ist, da ist die Partei« – jedes Parteimitglied, Funktionäre zumal, für alles und jeden im Staat zuständig und verantwortlich fühlte. Und: Dass man bestehende Probleme oder Konflikte miteinander und nicht gegeneinander konstruktiv löste. Besonders deutlich wurde dies in der Frauenpolitik. Während wir in der Emanzipation der gesamten Gesellschaft die Voraussetzung für die Gleich-

berechtigung aller und damit auch für die Emanzipa-
tion der Frauen verstanden, dass also Frauen und
Männer gemeinsam dafür wirkten, kämpften die West-
frauen gegen die Männergesellschaft. Der Mann war
Gegner, nicht Partner bei den Emanzipationsbestre-
bungen der Frauen … Wie hast du diese kontroversen
Auseinandersetzungen in der Gruppe empfunden?

Modrow: Die Beziehungen in der Bundestagsgruppe waren ganz wesentlich von individuellen und damit verbundenen politischen Interessen bestimmt. Da
gab es Schnittmengen. Es gab aber auch Misstrauen,
Unterstellungen, Intrigen und Hass. Von beiden Seiten. Es waren doch nicht die Ossis nur die Guten und
die Wessis nur die Bösen. Das ging mitunter querbeet.
Gregor hat zum Klima erstmals etwas auf dem Parteitag 2012 gesagt. Das, was er mit emotionaler Bewegung in Göttingen beschrieb, traf doch nicht nur auf
die aktuelle Fraktion der Linkspartei im Bundestag zu.
Das begleitete uns schon von Anfang an. Und da er
seit mehr als zwei Jahrzehnten im politischen Geschirr
hängt, weiß ich, was er in dieser Zeit diesbezüglich
alles hat ertragen und aushalten müssen. Das geht auf
keine Kuhhaut …

Schöner Kalauer: Als gelernter Rinderzüchter kennt er
sich ja damit bestens aus.

Modrow: Aber dieser Riss ging nicht nur durch die
Gruppe, sondern auch durch den Bundestag. Wenn
einer von uns ans Rednerpult trat, begann sofort das
Gejohle und Gepfeife.

Gerhard Riege, wohl einer der sensibelsten in unserer Gruppe, hat das nicht ertragen. Er nahm sich am

15. Februar 1992 das Leben. In seinem Abschieds-
brief schrieb er: »Mir fehlt die Kraft zum Kämpfen
und zum Leben. Sie ist mir mit der neuen Freiheit
genommen worden. Ich habe Angst vor der Öffentlichkeit, wie sie von den Medien geschaffen wird und
gegen die ich mich nicht wehren kann. Ich habe
Angst vor dem Hass, der mir im Bundestag entge-
genschlägt, aus Mündern und Augen und Haltung
von Leuten, die vielleicht nicht einmal ahnen, wie
unmoralisch und erbarmungslos das System ist, dem
sie sich verschrieben haben. Sie werden den Sieg über
uns voll auskosten. Nur die vollständige Hinrichtung
ihres Gegners gestattet es ihnen, die Geschichte
umzuschreiben und von allen braunen und schwarzen
Flecken zu reinigen. Solange es die PDS gibt, wird es
auch den Stachel geben, der die Erinnerung an einen
Versuch der Alternative und an die eigene Vergangenheit seit dem Zweiten Weltkrieg wachhält.«

Prof. Gerhard Riege (r.) und Prof. Uwe-Jens Heuer.
Riege nahm sich am 15. Februar 1992 das Leben

Der Freitod des 1990 zum Rektor der Jenenser Univer-
sität gewählten Staatsrechtlers stand in »engstem Zu-
sammenhang« mit den am 2. Januar geöffneten »Stasi-
Akten«, wie damals Gysi schrieb. Riege hatte Kontakte
zum MfS von 1954 bis 1960 gehabt, und »obwohl
diese Kontakte eher bedeutungslos waren und vor 32
Jahren beendet wurden«, griff man ihn massiv an –
auch in der Gruppe. Angesichts dieses Vorfalls forderte
Diestel, vormals DSU, jetzt CDU und letzter Innen-
minister der DDR, die »Stasi-Hysterie« zu beenden
und sich »von der uns aus dem Westen aufgezwungenen
unsinnigen Kampagne zu trennen«. Er blieb nicht der
einzige Rufer in der Wüste.

Modrow: Auch mein Freund und Kollege Prof. Uwe-Jens Heuer verwies in seinem Nachruf auf das Klima und Rieges Reaktion. »Ihn erschreckte nicht nur der Hass der Gegner, ihn verletzte auch die Art und Weise des Umgangs in unserer Bundestagsgruppe.« Im Unterschied zu Riege, der Hand an sich legte, unternahm Gregor rechtliche Schritte gegen den *Spiegel*, der ihn zur selben Zeit als »inoffiziellen Mitarbeiter« (IM) der Staatssicherheit verleumdet hatte. Das Hamburger Landgericht verurteilte das Nachrichtenmagazin zur Veröffentlichung einer umfassenden Gegendarstellung und zur Übernahme der Gerichtskosten.

Rieges Freitod war damals nicht der einzige.

Modrow: Zwei, drei Wochen später schied Detlef Falk, Fraktionsvorsitzender des Neuen Forum/Bündnis '90 im Kreistag von Bernau aus dem Leben. Er begründete diesen Schritt mit der Kolonisierung der

DDR durch den Westen ... Es gab zu Beginn der 90er Jahre sehr viele politisch begründete Suizide, die aber mehrheitlich statistisch nicht als politischer Akt erfasst wurden. Wohl aber gab es Versuche von offizieller Seite zu beweisen, dass es im Osten Deutschland nicht mehr Selbstmorde gab als vordem und diese nichts mit dem Systemwechsel zu tun hätten.

Was ich seinerzeit und unverändert kritisch sehe: dass sich die Angegriffenen – allen voran Gregor Gysi, der wohl am häufigsten aus der Partei als IM verleumdet wurde – individuell mit den Mitteln des Rechtsstaats wehrten. Sie erfuhren zwar punktuell Solidarität, auch aus der Partei – die Führungsgremien stellten sich damals mit einer Ehrenerklärung schützend vor Gysi –, aber es unterblieb eine generelle, grundsätzliche Erklärung zur DDR und ihren Institutionen, MfS inklusive. Das Problem wurde individualisiert.

Modrow: Das stimmt nicht ganz. Ich verweise auf die Stellungnahme von Uwe-Jens Heuer und Michael Schumann zur Öffnung der »Stasi-Akten«, die am 16. Januar 1992 im *Neuen Deutschland* unter der Überschrift »Das Tribunal nimmt seinen Lauf« veröffentlicht wurde. Sie werteten stellvertretend für die ganze Partei die Tätigkeit der BStU als »Versuch zur restlosen moralischen Diskreditierung der DDR und ihrer Bevölkerung«. Zudem werde »ein beispielloser Medienfeldzug vom Zaun gebrochen«, in dem Missliebige zur Strecke gebracht werden sollen. Oder ich erinnere an die gemeinsame Beratung von Parteivorstand, Landesvorsitzenden, Fraktionschefs in den Landesparlamenten und uns Bundestagsabgeordneten am 2. März 1992, bei der es um weitere Schritte zur »kritischen, umfassenden und differenzierten Auseinandersetzung mit der DDR, der SED und dem gesamten staatssozialistischen Versuch« ging. Das, was aktuell in der Politik der staatstragenden Parteien und den Medien geschehe, habe »kaum etwas mit einer wirklichen Aufarbeitung der Geschichte der DDR zu tun«. Das sei »Abrechnung«. Man könne die Geschichte der DDR nicht »auf die Geschichte von Exzessen, auf die Geschichte des MfS und die Verweigerung politischer Menschenrechte« verkürzen.

Ich könnte auch noch die politische Erklärung des Parteivorstandes zu den sogenannten Mauerprozessen anfügen. Anfang Januar 1992 waren zwei Grenzsoldaten zu mehrjährigen Haftstrafen verurteilt worden, was scharf und zutreffend als strafrechtliche Abrechnung mit ehemaligen Staatsdienern kritisiert wurde. Das mag ja alles sein. Aber das klare, offensive Wort, dass die notwendig kritische Auseinandersetzung mit der Vergangenheit – MfS und Grenztruppen inklusive – nicht ausschloss, unterblieb. Statt zu erklären: Trotz ihres Scheiterns war die DDR der legitime Versuch einer antikapitalistischen Gesellschaft, der einen Beitrag zur Emanzipation der Menschheit leistete, entschuldigte man sich fortgesetzt oder ließ es zu, dass gesellschaftliche Probleme ausschließlich individuell von Gerichten beurteilt wurden. Nirgendwo hörte oder las ich, dass einer, der der MfS-Mitarbeit bezichtigt oder wegen seines Grenzdienstes verfolgt wurde, mit der kollektiven Feststellung verteidigt worden wäre: Ja, die DDR war ein legaler Staat, folglich waren es auch ihre Institutio-

nen, es war nicht unehrenhaft oder gar kriminell, als loyaler (oder überzeugter) Staatsbürger mit ihnen zusammenzuarbeiten oder dafür zu sorgen, dass die Gesetze eingehalten und notfalls durchgesetzt wurden. Natürlich, in der DDR gab es – wie in jedem anderen Staat auch – Unrecht. Aber es war kein Unrechtsstaat.

Modrow: Das hat mal Lothar de Maizière gesagt.

Ja, und der ist bei der CDU und nicht bei der Linkspartei ... Aber ich will dich hier nicht weiter quälen, sondern wissen, wie du persönlich mit diesen Angriffen umgegangen bist.

Modrow: Es gab für mich zwei Ebenen. Im Plenum wurde gekämpft. Da reagierte ich so hart, so grob, wie ich angegriffen wurde. In den Ausschüssen war der Umgang sachlich und meist fair. Und so benahm auch ich mich. Mein Ehrgeiz bestand darin, ihnen zu beweisen, dass ich etwas von Politik und von Außenpolitik verstehe. Sie sollten sehen, dass wir Ostdeutschen ihnen durchaus das Wasser reichen konnten. Das führte schließlich dazu, dass Koschnick (SPD) bei einem Thema zu Osteuropa seine Wortmeldung mit der Begründung zurückzog, dass sein Kollege Modrow seine Meinung mitteilen solle, für zwei Redebeiträge reiche die Zeit nicht mehr und Modrow sei in dieser Frage einfach kompetenter. Das heißt: Irgendwann wurde man dort akzeptiert und angenommen.

Ein anderes Thema: die Hauptstadt-Entscheidung. Wir hatten vorhin darüber schon mal gesprochen. Die Sozis hatten ihren Willy-Brandt-Antrag eingebracht: Berlin wird Regierungssitz. Dann kamen SPD-Abgeordnete zu mir – nicht zu Gregor, nicht zu anderen aus unserer Gruppe. Heidemarie Wieczorek-Zeul suchte das Gespräch mit mir und berichtete zunächst, welch guten Kontakte sie zum Komsomol gehabt hätte und ob ich dessen damaligen 1. Sekretär Sergej Pawlow auch so gut gekannt habe wie sie, der habe ihr doch tatsächlich an die Wäsche gewollt usw. Das wurde plötzlich alles sehr persönlich und per Du, um mich zu bewegen, dass ich die Gruppe veranlasste, für den SPD-Antrag zu stimmen. Dann wollte mich Jochen Vogel sehen und Willy Brandt mit mir sprechen …

Einverstanden, das aber geschah doch mit politischem Kalkül. Die brauchten die 17 Stimmen von der PDS, mehr nicht.
    Modrow: Ja, natürlich. Aber so läuft Politik. Man sucht Verbindungen über die Vergangenheit, über Kontakte, gemeinsame Erlebnisse oder dergleichen.

Ja, in der Lobby oder im Hinterzimmer eines Restaurants, um dann auf der großen Bühne wieder Distanz und Ablehnung zu demonstrieren.
    Modrow: Richtig. Gefragt ist man nur, wenn es um die Durchsetzung eigener Interessen geht. Hinterher geht man wieder zur Tagesordnung über. Das aber muss man wissen und sich darauf einrichten. Da erspart man sich anschließend Enttäuschung. – So etwas kannten wir nicht. Das war der andere Politikstil, den wir Ostdeutschen erst begreifen und lernen mussten, damit umzugehen, auch wenn wir es nicht gut fanden. Letztlich war das unsauber und schäbig, aber es schien die Regel in Bonn. Eine große

*Modrow und die ehemalige Rektorin der Hochschule
für Ökonomie Christa Luft, im Modrow-Kabinett
Wirtschaftsministerin, von 1994 bis 1998 MdB*

Ausnahme bildete Hermann Scheer. Ich entsinne
mich eines Empfangs, den Rita Süssmuth zu Ehren
des kubanischen Parlamentspräsidenten gab. Sie
wirkte – sonst eine sehr flexible Politikerin – im Umgang mit Ricardo Alarcon sehr unsicher. Das spürte
auch Scheer. Hans, sagte er, nachdem wir uns eine
Weile das Trauerspiel angeschaut hatten, hier gibt es
heute wohl keinen Kuba-Rum mehr. Lass uns in mein
Büro gehen, da habe ich noch eine Flasche zu stehn.

So entstand, was in der Politik selten vorkommt,
eine Freundschaft. Nur die Feindschaften blieben
unverändert. Ich brauchte mich nur zu erheben,
schon mokierte sich Graf Lambsdorff von der FDP,
und es kamen die notorischen Zwischenrufe aus der
Union, die fortgesetzten Pöbeleien.

Natürlich, du warst der prominenteste Vertreter des untergegangen Regimes, mit dem man bis 1989 gut zusammengearbeitet hatte. Anders als Gregor, der Honecker nie getroffen hatte, warst du mit diesem schon in den frühen 50er Jahren in der FDJ bekannt. Du erinnertest sie allein durch deine Anwesenheit daran, dass sie sich um Fototermine bei Honecker gedrängt hatten. Sie glauben Wahlen zu gewinnen (und gewannen sie vielleicht ja auch), wenn Honecker, wenn die DDR hier ein Zugeständnis und dort eine Zusage machte. Wie spreizten sie sich alle, als Honecker zum Staatsbesuch in die Bundesrepublik kam. Du warst die Inkarnation der DDR im Bundestag. — Warst du damit auch für die Gruppe zum Ballast geworden, kamst du deshalb nicht mehr auf die Kandidatenliste für die Bundestagswahl 1994?

Modrow: Dass ich manchem eine Belastung geworden war, will ich nicht bestreiten. Das brach intern erstmals auf mit der Enquete-Kommission des Bundestages »Aufarbeitung von Geschichte und Folgen der SED-Diktatur in Deutschland«. Dietmar Keller wurde als unser Vertreter in die Eppelmann-Kommission entsandt, ich war sein Stellvertreter. Dort erlebte ich Hasstiraden, Angriffe und unbewiesene Behauptungen, gegen die ich mich entschieden zur Wehr setzte. Aber ich entschloss mich, dieses Tribunal nicht wieder zu besuchen. Diesen Tort musste ich mir nicht antun.

Nach mehrmonatiger Tätigkeit schloss die Kommission mit einem Bericht, den Keller mit einem Minderheitsvotum kommentiert. Heuer und ich setzten uns mit dem Entwurf und seinem Autor auseinander. Wir hielten ihm nicht nur seine beim politischen Gegner entliehene Terminologie vor – Termini wie »SED-Diktatur« waren nicht die unseren –, sondern auch die anbiedernde, opportunistische Übernahme von Verdikten und Wertungen. Aussagen wie »Die Partei verkam in ihrer Geschichte immer mehr mit einer jesuitischen Disziplin, einem jesuitischen Glauben bei fehlendem jesuitischem Intellekt zu einer Sekte« machten sich gut im bürgerlichen Feuilleton, waren aber kein wirklicher Beitrag zur sachlichen, differenzierten Aufarbeitung der Vergangenheit. Wolfgang Harich – nach dieser Lesart ein »Opfer der SED-Diktatur« – hatte in Berlin mit anderen Historikern als Antwort auf die Eppelmann-Kommission die »Alternative Enquete-Kommission« ins Leben gerufen, womit auch institutionell unterschiedliche Formen des Umgangs mit der Geschichte sichtbar wurden. Es zeigte sich aber auch, dass Keller keinen substantiellen Beitrag zur differenzierten Geschichtsaufarbeitung leistet. Selbst der überarbeitete Entwurf seines Textes führte bereits vor seiner Veröffentlichung im *Neuen Deutschland* am 1. März 1993 (»Die Machthierarchie der SED-Diktatur«) zu kontroversen Diskussion an der Parteibasis.

Die Auseinandersetzung über die unterschiedlichen Auffassungen in der Gruppe aber machte auch die politischen Positionen der einzelnen Mitglieder immer deutlicher. Für einige war ich darum objektiv zur Belastung geworden. Und natürlich hofften sie, ohne mich weniger Angriffsfläche im Bundestag zu bieten. Ich wollte die Solidarität nicht überfordern und folgte dem Rat, nicht wieder zu kandidieren.

*Nach deinem Ausscheiden aus dem Bonner Bundestag
riss die Verbindung zu Gregor ab.*

Modrow: In gewisser Weise schon. Als Ehrenvor-
sitzender der PDS war ich nun vorrangig in Berlin
tätig und in der Partei unterwegs. Wir begegneten uns
nur noch auf Parteitagen, Konferenzen und anderen
Zusammenkünften. Außerdem hieß der Parteivorsitzende seit Januar 1993 Lothar Bisky.

Aber dass sich eine gewisse politische Distanz mir
gegenüber im Führungspersonal aufgebaut hatte,
spürte ich auf dem Hallenser Parteitag 2001, als ich
kurz zuvor in einem Interview zum 40. Jahrestag
des Mauerbaus erklärt hatte, dass die Schuldfrage,
wenn man sie denn schon stelle, an beide Seiten
gerichtet werden müsse. Ost wie West hätten eine
Politik betrieben, die schließlich zu den Maßnahmen des 13. August 1961 führten, und beide Seiten hatten es in den folgenden 28 Jahren nicht vermocht, diese Entscheidung zu revidieren. Helsinki
1975 wäre eine Chance gewesen, die beide Seiten
ungenutzt ließen … Geschichte läuft nicht nach
dem Muster eines Western, wo von vornherein alles
klar entschieden ist: Der eine ist der Schuft, und der
andere der Gute.

*Hat es in den frühen 90er Jahren, als ihr beide enger
politisch zusammengewirkt habt, auch persönliche
Beziehungen gegeben?*

Modrow: In Bonn schon. Wir haben gelegentlich
abends in unseren Zimmern zusammengesessen – die
Partei hatte aus Demonstrationsgründen selbstbewusst ein Haus gemietet. Und ich hatte es mir zur

Gewohnheit gemacht, dass ich ihn regelmäßig in seinem Büro aufsuchte, um mich insbesondere in außenpolitischen Fragen mit ihm zu verständigen. Im Wesentlichen aber war ich mit Heuer und Riege zusammen. Fritz Schumann, unser Landwirtschaftsexperte, fiel ebenfalls sukzessive raus, Christa Luft erfuhr das gleiche Schicksal: Man trennte sich von den Altlasten.

Mit anderen Worten: Je näher die finale Beantwortung der Frage rückte, wer für die Partei in den nächsten Bundestag einziehen sollte, desto spürbarer wurde das Bemühen, Angriffsflächen zu beseitigen, das Personal glatter und passfähiger zu machen. Es ging weniger um Kompetenz und Erfahrung, sondern um Prominenz und Akzeptanz.

Modrow: Naja, zunächst ging es darum, überhaupt wieder in den Bundestag zu kommen. Denn die Ausnahmeregelung, die 1990 galt, gab es 1994 nicht mehr. Entweder nahm die Partei die Fünfprozent-Hürde, oder sie holte mindestens drei Direktmandate. 2002, ich darf daran erinnern, gewannen wir nur zwei, und schon waren wir draußen. Bis 2005 vertraten allein Petra Pau und Gesine Lötzsch die PDS im Bundestag. Das war bitter.

Ich will mein Ausscheiden jedoch nicht problematisieren, weil es vielleicht ein wenig nach verletzter Eitelkeit riechen könnte. Die Nichtnominierung bestimmter Personen für Wahlen in der Folgezeit war nur Teil eines größeren Problems, was in solchen Momenten jedoch besonders deutlich wurde: Diese Partei hatte und hat kein Verhältnis zu ihren älteren

Mitgliedern. Als Schwungmasse und Wahlvolk sind sie willkommen, sonst nicht. Sie drücken das Durchschnittsalter – auch die PDS möchte nicht als »alte« Partei erscheinen – und sterben überdies noch aus, womit die Zahl der Mitglieder schrumpft. Damit sinken die Beitragseinnahmen und die Zahl der Abonnenten des *Neuen Deutschland*, dessen Hauptaktionär ja die Partei ist, und so weiter.

Das Problem sind doch nicht die sterbenden Alten, sondern dass wenig neue, jüngere Mitglieder hinzukommen. Damit schlug sich doch nicht nur die PDS herum, daran litten (und leiden) alle etablierten Parteien. Das hängt mit dem Erscheinungsbild und dem Politikangebot der Parteien zusammen, mit ihrem Gebrauchswert. Ist eine Partei einladend, wenn das Durchschnittsalter jenseits der 60 liegt und sie sich mit sich selbst und mit Wundenlecken beschäftigt?

Modrow: Ich denke, dass die Attraktivität einer Partei von sehr vielen Elementen abhängt, das Alter der Mitglieder ist vermutlich der unwichtigste Faktor. Mir geht es bei meiner Bemerkung zur älteren Generation auch mehr um die Innensicht. Und darum wiederhole ich: Diese Partei hat zu ihren Alten kein Verhältnis. Wenn du den letzten Parteitag der SPD gesehen hast, jenen, auf dem Steinbrück zum Kanzlerkandidaten gekürt wurde, erinnerst du dich, wer dort in der ersten Reihe saß? Helmut Schmidt, Gerhard Schröder, Jochen Vogel, Egon Bahr, Erhard Eppler, all jene Persönlichkeiten, die die Partei in einer bestimmten Phase geprägt und geführt haben, jene Lehrmeister und heutigen Granden, die den Raum geschafft

Zweitstimme ist Gysi-Stimme

Der Osten wählt rot!

PDS

Wahlkampfplakat 1998

haben, in dem die heutige Politikergeneration agiert. So demonstriert man Kontinuität und Tradition, dass sich die Partei in einem Geschichtsstrom sieht, der aus der Vergangenheit kommt und in die Zukunft führt, und dass die heute Handelnden sich ihrer Verantwortung für die vorangehenden wie für künftige Generationen bewusst sind. – Und dann schau dir mal unsere erste Reihe auf Parteitagen der PDS bzw. der Linken an!

Höre ich da ein wenig persönliche Verbitterung heraus?
    Modrow: Keineswegs, es geht doch nicht um mich. Ich suche mir meine Aufgaben schon selbst. Mit geht es um die Generation unserer Parteigründer, um die Genossinnen und Genossen, auf deren Schultern jene

Modrow und Sylvia-Yvonne Kaufmann, von 1993 bis 2000 Stellvertretende Parteivorsitzende. Sie trat im Mai 2009 zur SPD über, nachdem ihre erneute Kandidatur für das Europa-Parlament gescheitert war

stehen, die heute in der Partei Mandat und Funktion und damit auch Einkommen haben. Ohne sie gäbe es die Partei nicht mehr. Sie aber sind weg und vergessen. Wenn einer von ihnen zu Grabe getragen wird, bin ich oft der einzige aus der Parteispitze, der ihm folgt. Und im *ND* gibt es, wenn es hochkommt, eine Anzeige, unter der drei Namen stehen.

Wir standen, um damit das Thema abzuschließen, den Nachwachsenden und Jüngeren nie im Weg, im Gegenteil – wir haben diesen freigemacht und waren ihnen behilflich, ins Politikgeschäft zu kommen. Wir haben auch nie die Schlauen gespielt, die mit erhobenem Zeigefinger öffentlich tadelten, wenn Fehler begangen wurden. Aber der organische Übergang von der einen zur anderen Generation, der pflegliche Umgang miteinander und der Respekt vor dem Lebenswerk der Alten, all das ist nicht zur Kultur in dieser Partei geworden.

Die Tür geht auf, Gysi kommt. »Weiter geht's«, sagt er und setzt sich an den Tisch. »Wir haben wieder ein bisschen Zeit.«

Über den Umgang mit der DDR

*Wir waren bei deinem Weggang vorhin in der ersten
Legislatur in Bonn und beim Umgang in der Gruppe.
Während deiner Abwesenheit haben wir weitergespro-
chen, etwa warum ältere Genossen wie Hans 1994
nicht wieder aufgestellt wurden, und waren zu der
Auffassung gekommen, dass dies möglicherweise daran
lag, dass sie zur Belastung geworden waren, sie standen
schließlich für die untergegangene DDR, auf sie fokus-
sierte sich der ganze Hass. Hatte das auch Folgen für
den Umgang mit ihnen?*

Gysi: Da liefen mehrere Prozesse gleichzeitig. Das
eine war der Konflikt zwischen Ostdeutschen und
Westdeutschen. Das andere, dass wir von den anderen Fraktionen aggressiv behandelt wurden, wobei
Hans am aggressivsten attackiert wurde. Möglicherweise hast du, Hans, das damals nicht mitbekommen,
deshalb will ich es hier erstmals erzählen. Norbert
Gustmann, damals unser Geschäftsstellenleiter, kam
zu mir und informierte mich, dass er bei seiner Suche
nach einer Wohnung für dich gescheitert war. Ver-
mieter in Bonn und Umgebung, bei denen er vorge-
sprochen hatte, lehnten es rigoros ab, Hans Modrow
zu beherbergen. Ich habe dir das damals nicht erzählt,
um dich nicht zu verletzen.

Dann kam die ganze IM-Debatte hinzu, intern wie
von außen. Erst nach dem Tod von Gerhard Riege
nahm sich die Union etwas zurück. Sie war, völlig

Transparent mit der Suttner-Losung am Berliner
Karl-Liebknecht-Haus während des (zweiten) Golf-
Krieges, Januar 1991

zurecht, der Meinung, dass diese ganze hasserfüllte
Atmosphäre, an der sie ja maßgeblich mitgewirkt
hatte, zu seinem Selbstmord geführt hatte. Ich selbst
erfuhr die stärkste Ablehnung und Aggressivität, als
ich im Januar 1991 eine Rede im Bundestag gegen
den Golfkrieg hielt. Da dachte ich, ich stünde kurz
davor, vom Pult gezerrt zu werden.

Ich erinnere mich an diese Zeit auch deshalb, weil ich
damals gerade Bertha von Suttner las und deren Idee
»Die Waffen nieder!« in der Jungen Welt *thema-*
tisierte, worauf der 2. Parteitag dies zu seiner zentralen
Losung machte. Am Karl-Liebknecht-Haus hing wo-
chenlang das Transparent. Die wieder aufgenommene
Forderung der Pazifistin und Frauenrechtlerin trug

m. E. maßgeblich dazu bei, dass die PDS das Profil
einer konsequent antimilitaristischen Partei gewann.
Das gehörte bald zum Markenkern der Partei. – Aber
zurück zum Umgang mit Hans und den Alten.

Gysi: Ja, das war schwierig. Die einen sagten aus
Rücksicht, das können wir ihm nicht mehr zumuten,
die anderen meinten, das könnte uns auch schaden.
Es war immer ein schwieriger Umgang mit der DDR-
Geschichte insofern, weil man im Westen Fuß fassen
wollte und den Eindruck hatte, das geht so nicht –
auf der anderen Seite konnten wir Leute wie Hans,
die in der DDR agiert hatten und/oder kritisch zu ihr
gestanden hatten, nicht aufgeben. In diesem Konflikt
stand ich permanent, und ich bekam sowohl von den
einen wie von den anderen Feuer, was mich, ehrlich
gesagt, ziemlich genervt hat.

Im Prinzip gibt es diesen Ost-West-Konflikt noch
immer. Oder?

Gysi: Ja, aber inzwischen geht das. Und zwar deshalb, weil durch Oskar Lafontaine und die WASG der
Charakter der Partei ein anderer geworden ist. Das
spielt heute nicht mehr die erste Rolle, also nicht so
wie damals. Würde ich denken.

Hans hatte während deiner Abwesenheit darüber
gesprochen, dass der grundsätzliche Umgang in der
Partei mit der älteren Generation nicht unkritisch zu
sehen ist, um es mal allgemein zu formulieren. Natür-
lich, jede neue Generation muss sich erst einmal abna-
beln, ihre eigenen Erfahrungen sammeln. Das versteht
man. Auch sie wollten, als sie mal die Jungen waren,

nicht ständig gesagt bekommen, wo es langzugehen hat. Hans verwies auf den letzten SPD-Parteitag und wer dort in der ersten Reihe zu sehen war, was auch optisch zeigte, dass man dort mit den Altvorderen offenkundig einen anderen Umgang pflegt als in dieser. Würdest du ihm da widersprechen oder zustimmen? Und falls du zustimmst: Was sind dafür die Gründe? Ich gebe zu, dass sich in diesem Falle das Generationsproblem mit dem Ost-West-Problem überlagert.

Gysi: Erstens würde ich ihm zustimmen. Zweitens hast auch du Recht: Die Alten sind die Alten von den einen, nicht von den andern. Und jene wollen auch nicht die Alten von den andern pflegen, weil sie selber noch keine eigenen Alten haben. Die WASG ist erst vor wenigen Jahren entstanden. Wenn wir uns mit einer gleich alten Partei vereinigt hätten, sähe das vielleicht anders aus.

Das eigentliche Problem aber besteht darin, dass es noch immer ein leicht gestörtes Verhältnis zur Geschichte der Partei gibt. Punkt. Das ist so. Und die Geschichte ist auch schwierig.

Modrow: Entschuldige, wenn ich auf meine Wohnungssache zurückkomme. Ich wusste das nicht. Gustmann hat mir davon nichts erzählt.

Gysi: Das habe ich damals auch mit Gustmann so verabredet. Es war für uns beide ärgerlich genug. Damit wollten wir dich nicht auch noch belasten.

Modrow: Aber es gab doch eine Phase, in der wir beide gemeinsam in einem Haus wohnten. Und von dort bin ich in eine Wohnung gezogen, die der Bundestag vergeben hat. Mein Nachbar war Heuer, was uns beide auch menschlich näher brachte.

Gysi: Das war doch dieses Häuschen?

Modrow: Jaja. – Also wenn ich angegriffen wurde, habe ich mich eigentlich auch immer selbst gewehrt. Zum Beispiel attackierte mich einmal der CDU-Kollege Lummer. Der war zeitweise Westberliner Innensenator. Er und auch Diepgen waren 1973 in der DDR-Hauptstadt »Gast« der X. Weltfestspiele der Jugend und Studenten und dort agitatorisch sehr aktiv auf dem Alexanderplatz. Und ich wusste auch, dass er später gern in einem unserer Hotels einkehrte und sich dort in jeder Hinsicht bedienen ließ. Als er mir wieder einmal dumm kam, habe ich gesagt: Herr Lummer, lassen Sie uns mal eine Tasse Kaffee miteinander trinken. Das taten wir, und dabei kamen wir überein, dass ich nicht über seine Leichen im Keller reden würde, solange er es ebenso bei mir hielte. Danach herrschte zwischen uns Burgfrieden.

Modrow: offen und angriffslustig

Auch mit dem SPD-Fraktionschef Jochen Vogel hatte ich ein klärendes Gespräch. Wir sollten uns nicht benehmen wie unsere Vorfahren, die erst im KZ wieder miteinander geredet haben. Auch wenn uns die Wiederholung der Geschichte gewiss nicht drohen dürfte, sollte das kein Anlass sein, nicht miteinander vernünftig umzugehen.

Gregor, du hast einen wichtigen Punkt angesprochen: das unklare Verhältnis der Partei zur DDR und ihrer Geschichte. Der erste Dissens – korrigiere mich, sollte ich irren – wurde in der Haltung zur Eppelmann-Kommission und in der Debatte zu Kellers Minderheitsvotum sichtbar. Die Diskussion machte doch deutlich, dass seine Position nicht von der Mehrheit der Gruppe und der Partei geteilt wurde.

Gysi: Ja, da gab es einen Bruch, weil die Sicht verschieden war und ist. Dietmar Keller hatte eine andere Sicht als beispielsweise Uwe-Jens Heuer. Zwischen diesen beiden spitzte sich die Auseinandersetzung in der Gruppe zu. Das war auch für den Vorsitzenden keine leichte Situation. Aber der Konflikt brach auch in der Partei auf. Dabei ging es ja nicht nur um die Beurteilung der Staatssicherheit, sondern um die Einschätzung der ganzen DDR, die Gründe ihrer Entstehung, ihre Entwicklung, was man rechtfertigen kann, was man nicht rechtfertigen kann und so weiter.

Fortan haben wir in die verschiedenen Untersuchungsausschüsse Westdeutsche geschickt, die dort – komischerweise – ihre Sache eher gut gemacht haben. Keller, Heuer und andere waren doch subjektiv befangen: Es betraf sie selbst, worüber in den Ausschüssen gestritten wurde. Damit war ein Ostdeutscher objektiv in einer anderen Lage als ein Westdeutscher, der alles nur sachlich bewerten konnte und nicht emotional belastet war.

Wir hatten, wenn man so will, drei Gruppen in der Gruppe. Da waren die einen, die die DDR in einem Maße verteidigten, wie sie es nicht verdient hatte. Dann gab es die anderen, die die DDR so wenig verteidigten, wie diese es wiederum auch nicht verdient hatte. Und dann gab es jene, die versuchten, dazwischen den richtigen Weg zu finden, die DDR eben angemessen und notwendig zu kritisieren und zu verteidigen.

Modrow: Da gibt es noch ein weiteres Problem. Wolfgang Harich, der in Berlin die Alternative Enquete-Kommission ins Leben gerufen hatte, suchte den Kontakt zu mir. Er verfolgte aus der Ferne die Geschichts-Debatte in Bonn, sah auch mein taktisches Vorgehen kritisch und sagte unumwunden: Herr Modrow, als junger Kommunist haben Sie mir besser gefallen. Was meinte er damit? Es war ihm alles zu wenig kämpferisch, zu wenig prinzipiell. Er kannte alle Details, denn ich hatte ihm das interne Material aus der Kommission – heute kann man das ja sagen, dafür kann man nicht mehr bestraft werden – zur Verfügung gestellt, damit er es verwenden konnte. Er hatte sich dann seinen eigenen Reim darauf gemacht.

Und ich will hier auch verraten, dass der erste Entwurf der Ausarbeitung für Kellers Minderheitenvotum gemeinsam mit Gregor überarbeitet worden war. Dietmar Keller ist seinen dort eingeschlagenen

Weg konsequent weitergegangen. Unlängst erlebte ich ihn in einer Podiumsdiskussion, mit der an das SED-SPD-Papier erinnert wurde, das 25 Jahre zuvor erarbeitet worden war: Dort gab er den Schabowski. Keller gerierte sich als SED-Opfer – und das als ehemaliger Sekretär einer SED-Bezirksleitung und Kulturminister der DDR ...

Gysi: Es stimmt, wir haben einen Kompromiss hinbekommen, dem auch Keller damals zustimmte. Ihn davon zu überzeugen, war wirklich ein hartes Stück Arbeit. – Die Podiumsdiskussion kenne ich nicht, ich kann darum auch Kellers dortigen Auftritt nicht beurteilen.

Haben diese wiederholten Auseinandersetzungen über die Haltung zur DDR bis heute vielleicht damit zu tun, dass es nie ein Dokument gab, zumindest ist mir keins bekannt, in welchem eine eineindeutige Position formuliert ist, auf die man sich stets beziehen kann? Die Diskussion entzündet sich doch meist an irgendwelchen Jahrestagen. Ich entsinne mich, für deinen Nachfolger Lothar Bisky eine Presseerklärung geschrieben zu haben, mit der dieser an den ein Vierteljahrhundert zuvor verstorbenen Ulbricht erinnerte – keineswegs unkritisch, aber die Tatsache, dass der PDS-Parteivorsitzende überhaupt ein gutes Haar an dem DDR-Staatsmann und SED-Parteichef gefunden hatte, trug ihm heftige Politiker- und Medienschelte ein. Hans richtete drei Jahre später, zum 40. Jahrestag des Mauerbaus, in einem Interview mit Cicero *die Schuldfrage auch an die Westseite. Er bezog dafür Prügel – und erhielt kaum Solidarität aus der Partei ...*

Gysi: Naja, bei der Presseerklärung zu Ulbricht wurde nur das Einerseits und nicht auch das Andererseits veröffentlicht. Wir mussten erst lernen, bestimmte Sachverhalte nicht in zwei, sondern in einem Satz zu sagen. Dann müssen die Presseleute Punkte machen, wenn sie streichen, und da werden die Leser stutzig. Oder aber sie müssen den Satz vollständig bringen. Habe ich auch erst lernen müssen.

Das meine ich nicht, wobei du natürlich Recht hast, was die technische Seite betrifft. Ich päzisiere: Wenn die PDS – also bevor sie die Sprech- und Hacktechnik beherrschte – eine Sache um die Ohren gehauen bekam, knickte die Führung ein und entschuldigte sich. Das ging bis zu solchen Albernheiten, dass Glückwünsche an Fidel Castro angeblich von einem Automaten kamen und nicht von den Parteivorsitzenden Lötzsch und Ernst unterzeichnet wurden. Es waren meist defensive Reaktionen. Einmal eine klare Position benannt, sich den Sturm um die Nase wehen lassen, und dann wäre möglicherweise der schwärende Zweifel ausgeräumt gewesen. Das wäre offensiv gewesen.

Gysi: Ist doch ganz klar: Es gibt Sieger der Geschichte. Und die billigen dem Verlierer keine Relativierung zu. So einfach ist es. Aber es stimmt nicht, dass wir keine Position bezogen hätten. Wir haben im ersten, im zweiten und im dritten Parteiprogramm immer eine Einschätzung zur DDR gehabt, eine – zugegeben – umstrittene, aber doch eine um Differenzierung bemühte.

Die Sicht auf die DDR ist von Generation zu Generation verschieden, die Älteren haben naturgemäß

»Für Wiedervereinigung aller linken Kräfte!«
Demonstration in der untergehenden DDR, 1990

eine andere Sicht als die Nachgeborenen. Wir haben, was nicht übersehen werden darf, auch jüngere und westdeutsche Mitglieder, die nichts mit der DDR zu tun hatten, die wollen sich in den aktuellen politischen Auseinandersetzungen davon auch nicht beeinträchtigen und beeinflussen lassen. Denen geht es um Gegenwart und Zukunft und weniger um die Verteidigung einer Vergangenheit, die nicht die ihre ist. Wenn du heute für Demokratie und Menschenrechte kämpfst und deren Einschränkung in der DDR relativierst – wegen des Kalten Krieges, wegen der Klassenauseinandersetzung und was weiß ich –, dann verlierst du einfach an Glaubwürdigkeit. Die Linken neigen ohnehin dazu, die Menschenrechte zu betonen, wenn die Rechten sie verletzten, und sie üben Nachsicht, wenn sich links nennende Regimes sie einschränken oder unterdrücken. Auf der anderen Seite verhält es sich ebenso: Die Rechten verurteilen die Verletzung der Menschenrechte in Syrien, verlieren aber kein Wort zur Verletzung der Menschenrechte in Saudi Arabien.

Zu deinem Stichwort »defensiv«. Also die Geschichte der DDR lädt nun nicht unbedingt zur Offensive ein. Der Staatssozialismus ist gescheitert, wir können doch plötzlich nicht so tun, als wäre er erfolgreich gewesen. Die Mehrheit der Bevölkerung lehnte ihn ab. Aber unabhängig davon bin ich schon dafür, dass eine andere Diskussion über die Geschichte geführt wird. Natürlich bedeutete die separate Währungsreform in den Westzonen 1948 auch die Spaltung Deutschlands. Und die DDR wurde nach der Bundesrepublik gegründet, die NVA gab es nach der Bundeswehr, und erst nach dem Beitritt der BRD zur NATO wurde der Warschauer Vertrag unterzeichnet usw. Aber dass diese Zusammenhänge in der Partei so klar benannt und diskutierten wurden in einer Phase, in der sie derart bekämpft und ausgegrenzt wurde, war unmöglich.

Wenn die Gesamtsumme negativ ist, können nicht die einzelnen Posten positiv gewesen sei, da stimme ich dir zu. Aber ist nicht der Ansatz falsch? Sollte man nicht besser die Frage stellen: Wo war die DDR historisch weiter, wo fand tatsächlich Fortschritt statt, was hatte die ostdeutsche DDR dem kapitalistischen Westen voraus?

Gysi: Das ist wirklich spannend. Denn viele Ostdeutsche, die damals kritisch zur DDR standen und sie durch Votum abschafften, sehen heute aufgrund

Witzige Replik im Wahlkampf in den 90er Jahren: Die CDU hatte eine Rote-Socken-Kampagne losgetreten

von Verlusten, dass es durchaus Vorzüge gab. Wenn man nicht reisen darf, nicht alle Bücher lesen und nicht alle Filme sehen darf, die man rezipieren möchte, dann leidet man darunter, obwohl man sozial sicher lebt. Wenn du dann reisen, alles sehen und lesen darfst, aber die soziale Sicherheit ist weg, dann kannst du darunter viel mehr leiden, weil sich die Frage stellt, ob man sich den Genuss dieser Freiheiten überhaupt leisten kann.

Ich kenne Menschen, die reden von einer DDR, die es so nicht gab …
    Gysi: Weder so lang noch so lang, die kenne ich auch.

Wir stimmen also überein in der Auffassung, dass Freiheit und Demokratie keine Werte an sich sind, man muss sie sich auch leisten können. Und dass Gewinn als solcher oft erst als solcher begriffen wird, wenn er verloren ging. Diskutieren wir mal Geschichte nicht konkret, sondern abstrakt: Nach dem Kriege traten Menschen im Osten Deutschlands an, eine alternative Gesellschaftsordnung zu jener zu entwickeln, die Faschismus und Krieg ermöglicht hatte …
    Modrow: Nicht nur im Osten. Die Adenauer-CDU wollte in ihrem Ahlener Programm auch eine andere als die kapitalistische Gesellschaftsordnung.

Ja, das hatte sich dann bald erledigt. – Ich rede über den Osten, der sich eine nichtkapitalistische, sozialistische Perspektive auf die Fahnen schrieb. Diese Suche nach einer Alternative war begründet und auch

legitim. Sie wurde auch von großen Teilen der Bevöl-
kerung getragen, weil diese Gesellschaft gegenüber der
anderen Fortschritte machte: Ich nenne die Bodenre-
form, die Brechung des Bildungsprivilegs, die medizi-
nische Versorgung, die Gleichberechtigung von Mann
und Frau – noch immer werden in der gegenwärtigen
Gesellschaft Frauen und Männer einzig aufgrund
ihres Geschlechts unterschiedlich entlohnt ... Machen
wir es kurz: Wenn eine Partei heute, eine linke
zumal, sich für eine bessere Gesellschaft, für eine men-
schenwürdige Welt engagiert, in der universelle Men-
schenrechte und Menschenwürde, Demokratie und
soziale Gerechtigkeit die höchsten Güter sind – müsste
diese dann nicht auch einen positiven Bezug zu den
bereits erreichten (und nun wieder verschwundenen)
Werten und Elementen in der untergegangenen
Gesellschaft finden? Diese im dialektischen Sinne auf-
heben – statt den Staat in Gänze zu verdammen?

Gysi: Ja, wir haben einen Erfahrungsvorsprung
Ost. Der Fehler des Westen bestand darin, dass die
Oberen nicht aufhörten zu siegen. Denn hätte er
bestimmte Erfahrungen aus der DDR nicht ignoriert,
sondern übernommen, hätten die Menschen auch im
Westen ein Vereinigungserlebnis gehabt. Dazu
gehören zum Beispiel die Kindertagesstätten, dazu
gehört die stellvertretende Direktorin für außerschu-
lische Tätigkeit an den Schulen, dazu gehört das, was
wirklich sozial geleistet wurde – drei Wochen Kin-
derferienlager kosteten, glaube ich, eine symbolische
Mark, und das mit Essen. Dazu gehörte das Bil-
dungswesen – die Gemeinschaftsschulen finden
inzwischen immer mehr Zustimmung. Das alles hat

*Modrow und Gysi auf dem Wahlparteitag im Februar
1990, auf dem Modrow seine Kandidatur bekanntgab*

es gegeben. Oder Polikliniken, eine geniale Erfindung.
Die etablieren sich heute als Gesundheitszentren.
Oder nehmen wir das Arbeitsgesetzbuch, was hier völ-
lig fremd ist. Und auch in anderen Gesetzen gab es
Regelungen, die besser waren als die jetzigen … Trotz-
dem ist der Staatssozialismus aus Mangel an Freiheit,
Demokratie, Waren, Dienstleistungen und Produkti-
vität gescheitert.

Aber ich bleibe dabei, wenn der Westen klug
gewesen wäre, hätte er zehn oder fünfzehn Dinge aus
der DDR übernommen – das wäre eine andere Vereinigung gewesen. Selbst dort, wo sie akzeptiert
haben, dass die DDR einen Schritt weiter war,
haben sie es nicht gleich übernommen – beispielsweise die strafrechtlichen Bestimmungen bei Homo-

sexuellen. In der Bundesrepublik machte sich jeder schwule Mann, der etwas mit einem Jugendlichen hatte, strafbar, in der DDR nur dann, wenn es auch für Heterosexuelle strafbar war. Ich war nicht dabei, aber ich kann mir vorstellen, dass Lothar de Maizière zu Helmut Kohl gesagt hat, er könne die Strafbarkeit nicht wieder einführen, und Kohl wird geantwortet haben, er könne kein DDR-Recht übernehmen. So hatten wir drei Jahre lang im vereinten Deutschland unterschiedliches Strafrecht. Das ging vielleicht zwischen Erlangen und Dessau, aber innerhalb Berlins war das grotesk.

Was ist passiert?
   Gysi: Nach drei Jahren haben sie das DDR-Recht übernommen. Da hat es ja keiner mehr bemerkt.

Bei Kindergärten, Ärztehäusern, Tagesbetreuung an Schulen etc. dauerte es etwas länger.
   Gysi: Ja, das bringt nun aber keiner mehr mit dem Osten in Verbindung.

Das ist das Problem.
   Gysi: Genau.
   Modrow: Ich muss euch beiden widersprechen. Die DDR wird diskutiert, als wäre sie eine einsame Insel im Ozean und von den Vorgängen auf anderen Kontinenten gänzlich abgeschlossen gewesen.
   Gysi: Da hast du völlig Recht. Sie tun so, als habe die Mauer nichts mit Moskau zu tun, Gorbatschow wird Ehrenbürger Berlins und Honecker kommt vor Gericht. Das passt nicht zusammen.

Modrow: Wir hatten Kalten Krieg in den beiden deutschen Staaten nach innen und außen. In den 50er Jahre wurden in der Bundesrepublik die FDJ und die KPD verboten, Zehntausende politisch verfolgt und ausgegrenzt – bis heute sind sie nicht rehabilitiert oder gar entschädigt. Wir hatten in den 60er Jahren die Notstandsgesetze, dann den Radikalenerlass, millionenfache Verletzungen des Post- und Fernmeldegeheimnisses im Verkehr mit der DDR … Darüber muss auch gesprochen werden, nicht ausschließlich über die Defizite der DDR. Wir müssen berücksichtigen, dass sich alle Vorgänge nicht isoliert vollzogen, dass sie in einem nationalen und internationalen Kontext erfolgen.

Danke für den wichtigen Hinweis. Das ist die Krux bei der heute üblichen Betrachtung der Geschichte und deren Darstellung in den Medien. Einzelne Vorgänge werden ihres gesellschaftlichen Zusammenhangs entkleidet. Geschichte entsteht nicht »aus sich selbst« heraus, sie ist ein komplexer Vorgang und eine Abfolge von Aktion und Reaktionen, oder wie Kohl in einem anderen Zusammenhang einmal trefflich bemerkte: Alles hängt mit allem zusammen. Wir nannten und nennen das Dialektik. Der von Marx begründete dialektische und historische Materialismus ist eine durchaus hilfreiche Methode zum Erkennen der Welt und ihrer Entwicklung. Wir aber erleben, wie Geschichte enthistorisiert wird.

Gysi: Ohne die Nazis und den von Hitlerdeutschland entfachten Weltkrieg wäre Deutschland nicht gespalten worden. So einfach ist das.

Modrow: Wer hat sich jemals bei Jupp Angenfort dafür entschuldigt, dass ihm sein Mandat im Landtag von NRW aberkannt und er zu sechs Jahren Haft verurteilt wurde? Keiner. Das passierte ja im Rechtsstaat. Da sind de Maizière oder Diestel wesentlich deutlicher und lauter als unsere Entschuldiger.

Und zum punktuellen Vorsprung, den die DDR hatte, von dem auch Gregor sprach: Dieser Vorsprung hat etwas mit dem politischen System zu tun.

Gysi: Das ist doch klar.

Modrow: Ja, aber das sollte man auch so deutlich sagen. Dass die DDR ein Arbeitsgesetzbuch hatte und die Bundesrepublik keins, hängt mit dem politischen System, mit dessen Prinzipien und wirtschaftlichen Grundlagen zusammen. Dies öffentlich zu sagen, erfordert auch Mut. Und dieser Mut fehlt mitunter.

Ich hatte unlängst ein Gespräch mit einem Journalisten aus Südkorea. Der machte mich darauf aufmerksam, dass mein Name in ihren Schulgeschichtsbüchern stehe, auch sonst werde dort objektiv über die Ursachen der deutschen Teilung und deren Überwindung geschrieben. Selbst über die dabei entstandenen Verwerfungen. Nun ist die Teilung Koreas anderen Ursprungs, aber deren temporärer Charakter steht außer Frage. Offenkundig verfolgt man deshalb das deutsche Beispiel dort aufmerksamer als in anderen Teilen der Welt, um nicht unsere Fehler zu wiederholen. Der Journalist fragte: In dem Buch steht, dass Sie die deutsche Einheit mit angeschoben haben …

Gysi: Das stimmt ja auch.

Modrow: Erklären Sie mir doch mal, bat der Koreaner, warum ich davon in deutschen Schulbüchern nichts lesen kann?

Gysi: Hans, sei unbesorgt, irgendwann kommst du auch in deutsche Geschichtsbücher.

Gysi erhält wieder einen Hinweis, dass er in den Plenarsaal muss und verlässt das Büro.

Systemauseinandersetzung und Systemvorsprung

Noch mal zurück zur Systemfrage und zum Erfahrungsvorsprung. Wir sind daran gescheitert, dass wir nicht allein auf der Welt waren und dass wir am Ende unseren Ehrgeiz nicht vorrangig darauf verwandt haben, die Unterschiede herauszustellen, sondern die bürgerlich-kapitalistische Gesellschaft zu kopieren. Wir sind nicht an zu viel, sondern an zu wenig Sozialismus gescheitert. »Wir« meint in diesem Falle das sowjetische Modell und das sozialistische Lager, denn selbst wenn wir mehr Sozialismus gewagt hätten, wären wir nicht übriggeblieben. Hinzu kam, wie schon erwähnt, auch der internationale Kontext. – Wir müssen die Systemfrage anders stellen.

Modrow: Das ist ein Menschheitsproblem. Wie wollen wir morgen leben? Diese Frage stand schon immer, sie spitzt sich jedoch heute angesichts schwindender Ressourcen, wachsender ökologischer Belastungen, angesichts zunehmender Krisen und Kriege stetig zu. Für Ulbricht war der Schlüssel: Bildung. Mit mehr Wissen ließ sich alles lösen, wenn denn eine Wirtschaft existierte, die die Bedürfnisse der Gesellschaft befriedigte. Das ist ein ganz anderer Ansatz als der einer kapitalistischen Gesellschaft. Dort geht es nicht primär um Bedürfnisbefriedigung, sondern um Profit, für den unter Umständen sogar erst Bedürfnisse inauguriert werden. Das führt auf der einen

Seite zur Überproduktion und zur Verschwendung von Ressourcen, auf der anderen Seite zur Verarmung und zur Verelendung ganzer Völker. Denn der Irrglaube ist noch immer weit verbreitet, dass der Kapitalismus überall auf der Welt so bunt und vielfältig und überquellend ist wie in Deutschland.

Dort, wo man ihn ungebremst schalten und walten lässt, werden einige sehr rasch sehr reich, aber sehr viele ganz arm. Wir erlebten das in den vormaligen Sowjetstaaten.

Die DDR – der andere Ansatz – entwickelte Schritt um Schritt ein soziales Gebäude. Wir hatten keine Superreichen, aber eben auch keine Obdachlosen und Armen. Natürlich driftete mit den Jahren die Gesellschaft auch sozial auseinander, aber es gab nicht

Hans Modrow im Bundestag, 1992

jene Zerklüftung, die wir heute in Deutschland haben. Und, und das war einer der Sargnägel, die Wirtschaft trug nicht mehr den sozialen Überbau. Wir lebten über unsere Verhältnisse.

Die Sowjetunion hat mindestens ein Vierteljahrhundert den Beweis erbracht, dass sie allein existieren konnte. Ein Sechstel der Erde bot ausreichend Rohstoffe und Ressourcen, unabhängig von der kapitalistischen Welt zu leben. Das war schwer, wir wissen es, aber es war möglich.

Modrow: Du willst damit sagen, dass der Untergang der Sowjetunion und ihrer Verbündeten nicht zwingend war.

Du sagst es. Womit wir wieder bei der Frage der Reformierbarkeit oder Nichtreformierbarkeit des Sowjet-Systems sind.

Modrow: Nach meiner Überzeugung war der Untergang der Sowjetunion nicht zwingend. Ich möchte aber noch auf ein anderes Moment verweisen. China, die heutige Supermacht, versuchte immer in Bündnissen zu leben. Das haben die Sowjets irgendwann auch begriffen, doch eine Partnerschaft mit China kam nie zustande, und das »sozialistische Lager« war kein Bündnis von gleichen und gleichberechtigten Partnern. Anders China. Das Land ist im Shanghaier Kreis verankert, einem asiatischen Wirtschaftsbündnis, es ist mit den fortgeschrittenen Staaten der Dritten Welt verbunden. Im Warschauer Pakt und im RGW erfolgte keine Integration, die uns gemeinsam getragen hätte. Ich erlebte ja vor Ort im Januar 1990 in Sofia beim letzten RGW-Gipfel, wie das Gebäude nahezu geräuschlos zusammenfiel. Wenn ich mich auf die Feststellung einlasse, dass das ein großes gesellschaftliches Experiment war, dann muss ich mir auch eingestehen, dass dieses Experiment gescheitert ist. Wir haben den Praxistest nicht bestanden.

Hatte es Chancen, ihn zu bestehen? Durchaus. Aber das ist vergossene Milch. Viel spannender ist doch die Frage, ob das kapitalistische System überstehen wird? Denn wir sehen: Es wackelt. Das heißt für mich: Wir sollten aufhören, das untergegangene System und dessen Labilität zu untersuchen, sondern uns mehr mit dem jetzigen beschäftigen. Das eine ist die Vergangenheit – das andere die Gegenwart und, möglicherweise, die Zukunft.

Halten wir fest: Die Systemauseinandersetzung hat – auf beiden Seiten – Kräfte mobilisiert, zugleich aber auch Ressourcen gebunden und verbraucht. Der Westen hatte mehr zum Zusetzen als der Osten, insofern ging die Strategie des Totrüstens auf. Der Westen ist aus dem Kalten Krieg nicht nur als Sieger, sondern auch gestärkt hervorgegangen. Seit 1990 gibt es diese mobilisierende Herausforderung nicht mehr, wenngleich der Westen – insbesondere die USA – seither unablässig Kriege führt. Diese tragen jedoch zur Instabilität des Wirtschafts- und Währungssystems des Westens bei. Soziale Zugeständnisse, die aufgrund der Herausforderung des Realsozialismus gemacht wurden, fuhr man zurück.

Modrow: Ich kann, wie Gregor es macht, keinen Systemvorsprung benennen, ohne mich zum System zu verhalten. Und wenn ich das jetzige in Frage stelle, muss auch die Frage erlaubt sein, ob gesellschaftliche Experimente statthaft sind.

Dann aber kommt der moralisch-ethische Einwand: Experimente mit Menschen sind nicht statthaft. Und: Jeder hat nur ein Leben, das er selbstbestimmt und eigenständig leben können muss.

Modrow: Aber wenn es um existentielle Fragen der Menschheit geht, kann dieser Aspekt vernachlässigt werden, er muss es geradezu. Da stehen ganz andere Fragen als die nach Wohl und Wehe der DDR oder der Sowjetunion.

Diese Fragen aber werden doch in dem Politikgetriebe völlig ausgeblendet. Ob Gregor heute fünfmal oder hundertmal sein Kärtchen in die Urne wirft oder nicht ...

Modrow: ... ist eigentlich scheißegal. Die wesentlichen Entscheidungen werden woanders getroffen. Und im Konkreten: Die Regierung hat mit ihrer Mehrheit die von ihr gewünschte Entscheidung schon längst durchgesetzt, die Fraktionsdisziplin sichert die Berechenbarkeit von Entscheidungen.

Deshalb hat ja Neskovic möglicherweise den Bettel heute hingeworfen, weil er eigenständig und nicht nach Fraktionsdisziplin entscheiden will.

Gysi kommt zurück. Binnen Bruchteilen von Sekunden schaltet er wieder um. Das gehört zu seinen Stärken. Ich hatte ihm einmal auf seine Bitte hin für ein Streitgespräch mit Ernest Mandel, dem Trotzkisten und Kopf der IV. Internationale, ein Blatt mit

Zitaten und Stichworten zur Oktoberrevolution vorbereitet und ihm dieses in die Hand gedrückt, als er ins überfüllte Audimax der Humboldt-Universität stürmte. Auf dem Weg zum Podium las er das Papier und inhalierte gleichsam die Textzeilen. Am Pult und während des Streitgesprächs streute er sie ein, als gehörten sie zu seinem manifesten Bildungshorizont.

Gysi: Naja, damals konnte ich das noch, da war ich reaktionsschneller als heute. Aber ich hatte mich natürlich auch ein wenig vorbereitet, denn Mandel war ein führender Trotzkist, dem sowohl die DDR als auch die BRD die Einreise verboten hatten, dem konnte niemand nur mit flotten Sprüchen kommen. Die Auseinandersetzungen mit Linken aus anderen Ländern hatten einen ganz anderen Charakter. Nirgendwo, zumindest in Europa, herrschte damals ein so militanter Antikommunismus wie in der Bundesrepublik.

Aber wo waren wir vorhin stehengeblieben?

Bei der Systemfrage. Du hast auf einen Erfahrungsvorsprung verwiesen, den die DDR punktuell hatte.
Gysi: Ganz einfach schon deshalb, weil wir Ostdeutschen den Untergang eines Systems erlebt haben. Den hat noch kein Westdeutscher erlebt. Das ist ein gewaltiger Erfahrungsvorsprung.

Den hatten wir nicht gemeint. – Seit 1990 ist dieses System auf sich selbst zurückgeworfen, nachdem die Systemauseinandersetzung, der Kalte Krieg, auf beiden Seiten kreative Kräfte herausgefordert hatte. Diese antreibende Provokation fehlt heute offenkundig und

In einem Kühlturm müssen Bauformen sparen.
Der Vormann der Linken, Gregor Gysi, hilft beim Flicken
einer Schweißnaht muss später von einem Fachmann korrigiert werden.

*In einem Sommer hatte Gysi, um die Verbindung
zum Leben nicht zu verlieren, in einem Produktions-
betrieb gearbeitet. Eine Illustrierte veröffentlichte
davon ein Foto mit dem Text: »In Krisenzeiten müssen Baufirmen sparen. Der Vormann der Linken,
Gregor Gysi, hilft beim Flicken einer Baggerschaufel.
Diese Schweißnaht muss später von einem Fachmann
korrigiert werden.« Ja, soll er auch noch das können?*

*erlaubt es auch, soziale Standards zurückzufahren,
mehr noch: Die Nichtexistenz des Realsozialismus
führte zur Krise dieses Systems. Unterstellt, dass es sich
um eine Existenzkrise handelt: Wird es da für Linke
nicht langsam Zeit, die Systemfrage zu stellen, also den
Kapitalismus zur Disposition zu stellen?*

Gysi: Ich habe schon 1990 gesagt, dass der Kapitalismus nicht gesiegt hat, sondern nur übriggeblieben
ist. Und: Der Kapitalismus verhindert Kriege nicht,
im Gegenteil. Weiter: Heute sterben in jedem Jahr
70 Millionen Menschen, 18 Millionen davon an

Hunger und Unterernährung. Damit ist das Verhungern die häufigste Todesursache weltweit. Der Kapitalismus verhindert das nicht. Schon deshalb muss man als demokratischer Sozialist ernsthaft über andere Strukturen nachdenken.

Allerdings gehöre ich auch nicht zu denen, die meinen, morgen geht der Kapitalismus zu Ende. Er hat sich letztlich immer noch als reformfähig erwiesen. Aber eines ist auch klar, und da pflichte ich dir bei: Da es kein staatssozialistisches Land zumindest hier in Europa gibt, gibt es auch keinen sozialen Wettbewerb mehr. Nur noch einen Wettbewerb nach unten: Wer baut am schnellsten ab? Der berühmte dritte Tarifpartner – das war die DDR – sitzt

Modrow vorm Aufsteller in der Fraktion

nicht mehr am Tisch. Die Bundesrepublik wollte ja nicht nur demokratischer sein als die DDR, sondern auch sozialer. Aber nun muss sie nicht mehr. Warum sollte sie sozialer sein als Portugal oder Griechenland? Weil die Systemauseinandersetzung fehlt, ist der Kapitalismus wieder sehr viel ursprünglicher geworden.

Modrow: Ich kann mit Gregors Begriff »Erfahrungsvorsprung« nichts anfangen, weil sich für mich daraus ein Problem ergibt. Welche Erfahrungen vermittelt ein »Vorsprung«, und wofür will ich diese Erfahrungen einsetzen? Wozu sind sie nützlich? Und wie sind sie praktikabel? Das ist unklar. Hilft ein solcher »Vorsprung« bei der Beantwortung der Existenzfrage der Menschheit? Das ist doch die zentrale Frage der Gegenwart. Die Option des Untergangs der Menschheit besteht unverändert. Und im Unterschied zu Gregor meine ich, dass der Kapitalismus zunehmend an die Grenzen seiner Flexibilität und Reformfähigkeit stößt.

Kurzum, obgleich die Systemfrage und damit ein Systemwechsel im Raum steht, wird sie nicht diskutiert.

Gysi: Natürlich stehen Menschheitsfragen an. Aber wie die Antworten und die Alternative ausschauen könnten, vermag ich nicht zu sagen. Unsere Vorstellungen von einem demokratischen Sozialismus sind noch ziemlich ungenau. Es gibt kein wirkliches praktisches Beispiel. Vielleicht war die Pariser Kommune eins. Vielleicht die Unidad Popular in Chile. Jetzt gibt es interessante Entwicklungen in Bolivien, in Venezuela, in Ekuador. Was daraus wird, wissen wir nicht.

Die Schwäche der Linken besteht darin, dass wir kein praktisches Beispiel eines funktionierenden demokratischen Sozialismus vorweisen können, wo man sagen könnte: Leute, schaut euch das an! Das zweite Problem: Die Menschen trauen uns Linken nicht zu, die ökonomischen Fragen zu beherrschen. Da verorten sie die Kompetenz bei den Konservativen, selbst wenn sie die negativen Begleiterscheinungen und Folgen sehen. Sie glauben andererseits schon, dass wir sozial gerechter sind, sie trauen uns inzwischen sogar zu, dass wir ökologisch nachhaltiger handeln würden.

Der untergegangene Staatssozialismus leidet noch postum an dem Ruf, eine zu geringe Arbeitsproduktivität gehabt zu haben und eine Mangelwirtschaft gewesen zu sein. Da wollen die Leute nicht wieder hin, was ich gut verstehe. Aber die Alternative heißt doch nicht Überfluss oder Mangel. Wirtschaftliche Vernunft heißt doch nicht volle Regale, von denen dann das meiste im Container landet. Hier müssen wir noch einiges leisten, um die Menschen von dem zu überzeugen, was wir wollen. Wahrscheinlich müssen wir diesbezüglich auch noch einiges programmatisch leisten.

Um noch mal auf die Systemfrage zu kommen. Hans ist Polit-Rentner und Privatier, der kann die Faust ballen und den Wechsel fordern. Du bist Bundestagsabgeordneter und Fraktionschef und musst dicke Bretter bohren, du hast anderen Regeln zu folgen. Als du vorhin von der Abstimmung zurückgekommen bist, habe ich dich mit der flapsigen Bemerkung zu provozieren versucht: »Na, wieder einmal den Weltfrieden gerettet?«

*Du hast dazu nichts gesagt, weil du klug genug bist zu
wissen, dass es für den Gang der Weltgeschichte eigentlich unerheblich ist, ob du nun ein weißes oder ein rotes
Zählkärtchen in den Schlitz wirfst. Schau nach Doha,
wo soeben und wieder einmal eine Weltklimakonferenz
ergebnislos zu Ende ging. Das heißt, es wird weiter und
immer mehr Kohlendioxid in die Luft geblasen und der
Regenwald weiter abgeholzt, damit dort Sojafelder entstehen, um die Rinder in den ohnehin satten Industrie-
staaten zu mästen und so weiter. Wie gehst du mit der
Erkenntnis begrenzter Einfluss- und Entscheidungs-
möglichkeit um?*

Gysi: Frag mal Hans, der schreibt soviel mit, ich
muss in vier Minuten schon wieder gehen, und zwar

Gysi schon im Abflug

endgültig. Nur kurz. Ich pflichte dir bei, dass von meinen oder den Entscheidungen im Bundestag der Lauf der Weltgeschichte nicht abhängt, aber es ist wichtig zu dokumentieren, wie man entschieden hat, und zweitens gibt es sonst Geldabzug, wenn man der Entscheidung fernbleibt, und drittens habe ich 20 Uhr leider noch einen weiteren Termin.

Die Systemfrage steht für die Mehrheit der Leute nach wie vor nicht, obwohl insbesondere die Ostdeutschen den Kapitalismus als weitaus ungerechter empfinden als ihre Landsleute im Westen, die nichts anderes kennen. Sie sehen bloß noch nicht die Alternative.

Modrow: Natürlich entscheidet die Politik auch etwas, das will ich zu Gregors Ehrenrettung sagen. Ob beispielsweise die Bundeswehr nach Afghanistan geht oder dort abgezogen wird, entscheidet der Bundestag und niemand sonst.

Gysi: Du hast insofern nicht Unrecht, als das Primat der Politik deutlich zurückgedrängt ist. Der Finanz- und Wirtschaftssektor entscheidet durch praktisches Handeln mehr als die Politik. Wenn der Mutterkonzern General Motors seinem Werk in Deutschland untersagt, Opel in China zu verkaufen und darum das Werk in Bochum schließt, kann die Politik nicht verhindern, dass einige Tausend Opelaner arbeitslos werden. Ich verhindere das aber auch nicht, indem ich im Bundestag die Systemfrage stelle: Das hilft den betroffenen Familien ebenso wenig. Aber die Politik hat die Möglichkeit zu korrigieren. Wenn wir beispielsweise Gesetze machten, mit denen die Banken verkleinert und vergesellschaftet würden,

Schlussbild mit Fraktionschef: »Macht's gut, Männer!«

hätten wir Chancen, steuernd im Finanzsektor einzugreifen. Dafür streite ich im Bundestag – insofern stelle ich doch die Systemfrage, weil ich die Realität, so wie Banken und Konzerne sie schufen, nicht hinnehme und diese verändern will.

Während der letzten Sätze hat Gysi bereits einige Papiere von seinem Schreibtisch zusammengesucht und in seiner Tasche versenkt, den Mantel aus dem Schrank geholt und sich schnell zum Abschlussbild neben Hans Modrow gestellt. »Macht's gut, Männer«, sagt er noch, dann ist er durch die Tür enteilt.

Wir löschen in Gysis Büro das Licht, verabschieden uns bei der sichtlich ermüdeten Sekretärin und wünschen ihr frohe Feiertage. Das war's.

ISBN 978-3-360-01847-2

© 2013 edition ost im Verlag Das Neue Berlin, Berlin
Umschlaggestaltung: Buchgut, Berlin, unter Verwendung
von zwei Motiven von Peter Frischmuth/argus
Fotos: Archiv edition ost S. 26, 31, 37, 52, 54, 63, 67, 68, 83, 91, 97, 98,
99, 102, 107, 111, 117, 123, 124, 127, 130, 135, 137, 140, 146;
Robert Allertz S. 9, 11, 17, 19, 77, 93, 151, 152, 155, 157, 158

Druck: Multiprint, Bulgarien

Ein Verlagsverzeichnis schicken wir Ihnen gern:
Das Neue Berlin Verlagsgesellschaft mbH
Neue Grünstr. 18, 10179 Berlin
Tel. 01805/30 99 99
(0,14 Euro/Min., Mobil max. 0,42 Euro/Min.)

Die Bücher der edition ost und des Verlags Das Neue Berlin
erscheinen in der Eulenspiegel Verlagsgruppe
www.edition-ost.de